AF591165

DU DEVOIR

DE L'HISTORIEN,

De bien considérer le caractère et le génie de chaque siècle en jugeant les grands hommes qui y ont vécu ;

Discours couronné par l'Académie royale des Inscriptions et Belles-Lettres, Histoire et Antiquités de Stockholm, en mars 1800 :

Par PORTALIS fils.

Laudemus Viros gloriosos et Parentes nostros in generatione suâ ; dominantes in potestatibus suis ; Homines magni virtute, et prudentiâ suâ præditi.... ; Homines.... pulchritudinis studium habentes ; Pacificantes in domibus suis : omnes isti in generationibus suis gentis suæ gloriam adepti sunt, et in diebus suis habentur in laudibus..... Cum semine eorum permanent bona..... Sapientiam ipsorum narrent populi. Ecclesiastic. *cap. 44, v. 1, 2, 3, 6, 7, 11 et 15.*

A PARIS,

Chez Bernard, Libraire, quai des Augustins, n°. 31.

AN VIII.

DISCOURS

SUR le devoir de l'Historien, de bien considérer le caractère et le génie de chaque siècle, en jugeant les grands hommes qui y ont vécu, afin d'éviter, d'un côté, de maintenir et perpétuer des principes faux et nuisibles à la société; et de l'autre, de ne point diminuer et affoiblir, en critiquant les erreurs des grands hommes, l'estime et l'admiration qui sont dues aux qualités éminentes, à l'activité, à la fermeté, au courage d'esprit et aux autres vertus héroïques, si essentielles à conserver pour l'indépendance et le bonheur des nations.

SANS le souvenir du passé, l'homme étranger à lui-même, ignoreroit sa propre existence; ses jours se succéderoient et ne s'enchaîneroient pas; chaque instant le verroit mourir et renaître; le souvenir seul forme un ensemble de sa vie entière. L'histoire est le souvenir du genre humain; elle rattache les siècles aux siècles, et nous conserve la filiation des peuples; elle est le lien commun de la grande famille humaine; elle instruit les nations de leur origine, de leurs progrès, de leur grandeur; en un mot, elle leur révèle tout ce qu'elles ont été, pour leur montrer mieux ce qu'elles peuvent être.

Quelle tâche que celle de l'historien! Placé sur les limites des deux mondes, il attend que le temps et la mort aient choisi leurs victimes. Et ne sembleroit-il pas qu'au milieu des débris et des ruines, au milieu de cette froide poussière, seul reste de tant de monumens détruits, il devroit réputer plus vaine qu'eux, la mémoire de tant de vains mortels? Mais ces ombres passagères ont laissé des traces impérissables de leur course fugitive. Hier encore, l'homme n'étoit pas, il aura disparu demain, et ses actions qui ne sont plus, portent le sceau de l'immortalité. C'est à l'historien qu'il appartient ici bas, de prononcer sur le mérite des actions humaines; il tient, pour ainsi dire, en première instance, les balances de Dieu même, et l'éternelle équité doit présider à tous ses jugemens. C'est à lui à peser les suffrages, à examiner les témoins, à écouter dans le silence des tombeaux où les passions sont inhumées, la voix de la vérité qui vit toujours. L'impartialité doit être sa règle ; mais qu'elle ne dégénère jamais en indifférence. Si la fidélité lui prescrit de rapporter avec exactitude tous les faits constatés, la sagesse lui commande de les apprécier avec discernement. Car si l'historien, comme la mémoire, retrace le bien et le mal ; comme la conscience, il doit nous avertir de l'un et de l'autre. Il ne lui suffit pas d'être sans crainte, sans haine et sans amour pour des restes inanimés ; il n'est point irréprochable si, lorsque tout l'invite ou le dispose à prononcer, sans acception de personne, il se passionne pour les choses. Alors l'esprit de système le préoccupe. Il s'arme de vaines citations contre les plus fortes probabilités, et de vagues probabilités contre les témoignages les plus authentiques. Il exerce sur les faits une autorité arbitraire. Ses recherches n'ont pas leur source dans l'amour de la vérité, mais dans celui de ses propres pensées. Sous le voile imposant de la philosophie, ou de l'érudition, les erreurs, les fausses opinions se propagent ; elles minent sourdement les institutions les plus respectables, et préparent des changemens funestes à la société.

Mais tout n'est pas fait lorsque l'historien connoît ses devoirs, s'il ne connoît aussi ses moyens. Quelle immensité sans bornes, son génie ne lui découvre-t-il pas dans le vaste champ de l'histoire? Tous les siècles écoulés depuis la naissance du temps, sont présens pour lui; tout le genre humain s'offre à ses regards. Semblable à un homme qui du haut d'une montagne, verroit un fleuve abondant jaillir de son humble source, rouler ensuite tumultueusement ses eaux grossies dans la plaine, et courir avec rapidité les décharger dans l'Océan, il voit les générations qui suivent, presser en murmurant les générations qui précèdent; il les voit se confondre et s'engloutir, ne laissant souvent, après elles, aucunes traces de leur passage. L'ensemble du tableau égareroit son imagination fatiguée, si les grands hommes n'arrêtoient ses regards de distance en distance, ne les fixoient et ne faisoient rejaillir sur ce qui les entoure, l'attention qu'ils commandent.

Ils sont comme des points d'appui, à l'aide desquels nous pouvons franchir l'espace sans incertitude. Nous voyons se grouper autour d'eux les nations et les événemens. Si par le génie d'un peuple, nous jugeons celui des hommes qui le composent, nous ne devons jamais oublier que le génie d'un seul homme devient souvent celui de tout un peuple. Ce n'est point sans fondement que la sage antiquité vénéroit comme des demi-dieux les véritables grands hommes : elle rendoit hommage à cette grande vérité, que l'intervalle immense qui sépare le ciel de la terre, a besoin d'être comblé ; et elle croyoit entrevoir dans ces hommes bienfaisans, dont se servoit la Providence suprême pour tirer les peuples du néant, des intelligences supérieures, qui, dans la chaîne des êtres, se rattachoient au trône de Dieu.

En effet, c'est principalement ce que l'histoire nous rapporte, non seulement des actions des hommes célèbres, mais encore de leur caractère, de leurs erreurs, de leurs opinions et de leur influence, qui nous explique quelle a été, dans chaque conjoncture, la part de la sagesse, des passions, du hasard ou de la témérité. C'est ainsi qu'elle transmet à la postérité la plus reculée, le riche héritage du passé, et prépare d'avance les événemens futurs. Mais un homme n'est jamais un être isolé. S'il influe sur les autres, c'est parce que les autres influent sur lui ; il n'est point étranger à la terre qu'il habite ; il y tient par une multitude de fils. Si l'atmosphère physique a de grands effets sur la force ou sur la foiblesse de son corps, l'atmosphère morale qui l'entoure, agit sur son ame, la presse de toutes parts, y pénètre par tous les pores, et détermine plus ou moins ses penchans et ses habitudes. Donc, si le génie des grands hommes entre pour beaucoup dans la composition de celui de leur siècle, le caractère et le génie de chaque siècle doivent à leur tour être pesés par l'historien qui juge les grands hommes de chaque siècle.

Ce n'est que par le soin qu'on aura d'observer cette sorte d'action et de réaction des grands hommes sur leur siècle et de leur siècle sur eux, que l'on pourra, conformément aux vues profondes du sujet proposé, *éviter d'un côté, en bien considérant le caractère et le génie de chaque siècle, et en jugeant les grands hommes qui y ont vécu, de maintenir et perpétuer des principes faux et nuisibles à la société*, et éviter d'autre part *de ne point affoiblir, en critiquant les erreurs des grands hommes, l'estime et l'admiration qui sont dues aux qualités éminentes, à l'activité, à la fermeté, au courage d'esprit et aux autres vertus héroïques si essentielles à conserver pour le bonheur et l'indépendance des nations.*

Mais quels sont ces hommes éminens qui, sans titres héréditaires, apportent en naissant, des droits à la souveraineté du monde? Ce sont ceux qui, doués d'une vaste intelligence et d'une volonté forte, saisissent comme par une soudaine illumination, les principes et leurs conséquences les plus éloignées, et domptent, par une constance inébranlable, leurs passions, les événemens et les hommes. Je les vois, pour ainsi dire, se partager la terre; et semblables à ces grands corps de lumière qui roulent majestueusement dans les cieux, ils règlent les temps, déterminent les époques et répandent au loin la clarté, la chaleur et la vie. Leur nom devient la renommée des nations; leur gloire couvre tout un peuple;

et même au-delà du trépas, ils continuent à faire honorer leur patrie.

Mais qu'ils sont rares ces véritables grands hommes! La Providence qui les réserve pour donner une nouvelle impulsion à l'univers moral, ne les dispense à la terre qu'avec épargne. Car, je n'entends point parler ici de cette foule innombrable de personnages dont les noms se pressent sur les pages de l'histoire, qui sont, comme le vulgaire des grands hommes, auxquels on accorde trop facilement ce titre.

Il est des hommes illustres, et ce sont ceux qu'une action brillante, un événement glorieux, une distinction honorable, ont immortalisés. Il est des hommes célèbres, et ce sont ceux dont les méditations appliquées aux affaires, aux sciences et aux arts, amènent les changemens, opèrent les réformes, font éclater les révolutions. Le hasard peut mener à l'illustration; la célébrité est fille du génie. On s'illustre par ses hauts faits; on se rend célèbre par ses écrits ou par ses conseils. Je ne parlerai point des hommes qui n'obtinrent que de la renommée; moins encore de ceux qui ne furent que fameux. On est renommé par ses talens; on devient fameux par ses relations, ses foiblesses, ses vices et même ses forfaits. Le grand homme est celui qui veut, qui peut et qui exécute. Il fait dans un moment tout ce que les hommes médiocres qui se succèdent dans un siècle n'opèrent jamais. Les talens qui font la renommée, le génie qui donne la célébrité, quelques actes de force ou de vertu qui procurent l'illustration, ne sauroient constituer le grand homme. Il tire ses principales ressources de l'energie de sa volonté. Souvent fort de sa seule résolution, il accomplit avec de petits moyens, de grandes choses. Entrainé, comme par un ascendant invincible dans la route que lui a tracé la nature, les révélations d'un génie caché, semblables au feu du ciel qui sillonne l'horizon pendant une nuit obscure, sont le flambeau qui le guide. Sa magnanimité supplée à tout. Une ardeur immense de remplir sa destinée, embrâse, élève son ame, et la met au-dessus des caprices de la fortune. Il agit, il peut encore lorsque les ames foibles sont réduites à se résigner. Quelquefois plus puissant, quand il rencontre plus d'obstacles, présentant le spectacle sublime de la vertu aux prises avec l'adversité, il fixe les regards du ciel et force les respects de la terre. Régulus retournant dans les prisons de Carthage, a plus fait de patriotes que Paul Emile triomphant. Socrate buvant la ciguë, a plus ramené de cœurs à la vertu que la persuasive éloquence de Platon. Aussi l'historien profond assignera-t-il à chaque individu, son rang et ses titres, dans cette hiérarchie de gloire, et par cette sage distribution, il pénétrera plus avant qu'on ne sauroit le croire, dans la connoissance des mœurs et de l'esprit général d'une nation.

Les actions grandes et généreuses appartiennent, sans doute, aux héros qui les ont faites. Les vertus sont la noble propriété des sages qu'elles décorent; la justice d'Aristide, étoit Aristide lui-même. Mais les productions du génie, comme ces plantes étrangères qui fleurissent bientôt sous tous les climats, entrent dans la masse des richesses communes. On a osé en conclure que jamais aucun homme n'avoit par ses seuls efforts, soudainement étendu le domaine des arts et des sciences; que les découvertes sont l'ouvrage des générations qui se sont succédées, et que l'on doit en faire hommage à l'esprit humain, loin d'en prodiguer la gloire à des hommes qui méconnoîtroient leurs travaux, et seroient instruits par leurs disciples dans leur propre doctrine (1).

Quel est donc cet esprit humain que l'on veut séparer de l'esprit de l'homme et qu'on transforme en ame universelle du monde? Pourquoi ne le trouve-t-on pas planant sans cesse sur la multitude, et rendant ses oracles au milieu d'elle, tandis qu'il inspire avec complaisance l'homme solitaire et contemplatif? Dans le siècle où les sciences exactes et expérimentales furent cultivées avec le plus de succès, les hommes attentifs, jaloux de connoître, habiles à comparer, qui consacroient leurs veilles à de continuelles recherches, ne proclamoient que de vains résultats. Newton naquit, et la terre apprit à connoître les lois qui maintiennent l'univers. Newton n'apportoit point en naissant, de nouvelles lumières; mais un génie plus puissant. Je sais que le génie ne crée pas, il invente. L'homme ordinaire ignore les

---

(1) Mercier, Mémoires lus à l'Institut national de France, classe des sciences morales et politiques pendant le dernier trimestre de l'an 5.

rapports des choses : l'homme ingénieux nous en présente la fiction : l'homme de génie en saisit la réalité.

C'est le hasard, dit-on, qui est le père des découvertes. Disons plutôt que c'est la nonchalance des hommes qui ne leur permet d'étudier la nature que par hasard. Elle ouvre ses trésors à tous ses enfans, mais il n'appartient qu'aux ames industrieuses d'en faire valoir les richesses. D'autres avant Pythagore avoient entendu l'enclume retentir sous les coups redoublés des forgerons ; d'autres avant Galilée avoient vu tomber des corps, mais aucun n'en avoit conclu avant eux, les règles proportionnelles de l'harmonie, ou les lois de la chûte des corps.

Qu'importe à la gloire de Platon et d'Aristote, de Descartes, de Newton et de Leibnitz, que leurs disciples en développant leur systême, l'aient enrichi de leurs idées ? en sont-ils moins les fondateurs des écoles qui portent leur nom, et qu'ont-elles gagné pour la plupart à s'écarter des routes qu'ils leur avoient tracées ? Si leurs successeurs se couvrent de nouveaux lauriers, dans la même carrière, ils moissonnent ce qu'un autre avoit semé. Ah! payons un juste tribut de louanges aux hommes laborieux et utiles qui préparent les matériaux, ainsi qu'aux disciples habiles qui suivent glorieusement les traces de leurs maîtres ; mais gardons-nous bien de confondre jamais Viette avec Newton, Pythagore avec Lysis.

Oui, il existe des hommes dont le génie supérieur est la source mère de nos lumières, comme il en est dont les ames privilégiées sont l'exemplaire de toutes les vertus. Apprenons à connoître par ses effets, l'influence qu'ils exercent sur tout ce qui les entoure. Et d'abord, si nous remontons le fleuve du temps jusqu'à l'antiquité la plus reculée, n'arrivons-nous pas dans toutes les contrées, au souvenir d'un ou de plusieurs hommes instituteurs ou législateurs des peuples ? L'établissement des sociétés, l'origine des gouvernemens supposent partout l'ascendant du petit nombre sur la multitude, et quelquefois d'un sur tous. Les fondateurs des polices primitives, tirèrent de la barbarie et de l'ignorance les premiers hommes agrestes et cruels. A leur voix, le feu du ciel descendit et vivifia leur ouvrage, la sensibilité respira dans tous les cœurs, une lumière douce éclaira tous les esprits, une industrie active mit en mouvement tous les bras. Les peuples qu'ils avoient civilisés, surpris de se trouver si supérieurs à eux-mêmes, les regardèrent comme des hommes divins et se glorifièrent d'en descendre.

Si les élémens d'un art encore grossier, ont souvent, dans l'enfance des nations, déterminé leurs mœurs, leurs habitudes et leurs lois, sachons respecter ces premiers âges ; nous ne vivons que de leurs bienfaits. Nous oublions, au sein de nos sociétés vieillies, que les arts industrieux qui ont construit, pour ainsi dire, dans le monde de la nature, le monde factice que nous habitons, sont fondés sur ces découvertes méprisées qui furent le fruit du génie, et qu'une vaine ignorance dédaigne. Ce sont, en tous lieux, les constructions informes des hommes sauvages, qui ont servi de base aux arts perfectionnés ; et l'Osiris qui fut le véritable inventeur de la charrue, eût, en d'autres temps, plus fait pour la science, et moins pour l'humanité.

Ainsi, dès l'origine de l'histoire, au milieu des ténèbres de la fable, nous trouvons la

preuve

preuve de l'influence de quelques hommes éminens sur la multitude des hommes.

Descendons dans notre ame, elle rend un éclatant témoignage à cette importante vérité. Un penchant décidé pour l'imitation la domine dès le berceau, et devient le principe actif qui hâte son développement. C'est l'imitation qui donne cours aux inventions utiles : comme ces canaux d'arrosage qui, distribuant, en tous lieux, les eaux abondantes d'un fleuve fécondateur, font circuler avec elles, la fertilité, qui le suit, l'imitation propage les vertus dans toutes les classes, et répand sur un peuple entier la bénédiction qui les accompagne. La providence, en nous créant plus sensibles que raisonnables, nous disposoit à être gouvernés par des exemples plutôt que par des préceptes. Que deviendrions-nous, si nous étions moins dociles à l'impression de l'autorité ? Au milieu des fatigues et des distractions de la vie, que saurions-nous, s'il nous falloit tout découvrir ? Les grands hommes sont pour nous, dans le monde moral, ce que les hardis navigateurs sont dans le monde physique ; ils nous montrent l'étendue de notre héritage ; et, parcourant le vaste champ de la perfectibilité humaine, s'ils semblent nous dire avec Alcide : Vous pouvez venir jusqu'ici, ils nous laissent entrevoir qu'on peut aller au-delà. Les doctrines des moralistes peuvent être belles ; les bonnes actions sont aimables ; les actions sublimes reculent les bornes de notre ame ; elles nous revèlent tout ce qui est entré de divin dans notre composition. L'exemple, armé d'un pouvoir surnaturel, semble convaincre mon ame par mes sens, et dompter mes sens par mon ame ; il donne, pour ainsi-dire, aux grandeurs morales, une réalité physique, et sa magie change les cœurs en changeant les habitudes. Il arme les passions contre les passions, et une honte salutaire, une émulation douce et bienfaisante, deviennent le signal et l'occasion d'une régénération morale.

Ce que les grands hommes ont pu par leur exemple, durant leur vie, leur mémoire le peut après leur mort. Leurs actions, comme ces éclairs rapides qui percent tout-à-coup l'obscurité d'une nuit profonde, et qui, en fuyant révèlent au voyageur incertain sa route et ses périls, produisent encore d'utiles effets long-temps après qu'elles ne sont plus. Tandis que les superbes monumens des arts, n'éternisent que nos regrets, l'histoire fait revivre les grands hommes tout entiers. C'est un Élysée, où nous voyons agir encore leurs ombres saintes, où nous les entendons converser, d'où nous pouvons les évoquer sans cesse. C'est l'histoire de la patrie qui, peut-être, bien plus que les institutions, forme l'esprit et les mœurs des peuples ; et les grands écrivains, en faisant étinceler les cendres du passé, vivifient déjà l'avenir. L'histoire, d'abord consacrée à perpétuer le souvenir de l'établissement des religions et des lois, devint bientôt leur unique base. Mais en conservant le texte des sages maximes de l'antiquité, elle l'enrichit d'un précieux commentaire d'exemples. Toutes les nations ont eu des temps héroïques, et la tradition fabuleuse des événemens de ces temps influe encore sur les mœurs du nôtre. Plus on est fier de ses ancêtres, plus on craint de dégénérer. Les Romains s'entouroient des images de leurs pères ; et ces dieux domestiques, qui étoient, pour-ainsi-dire, l'histoire en relief, maintenoient parmi eux les mœurs sévères des premiers temps. C'est aussi l'imitation des grands caractères que les grandes ames se proposent pour modèles. L'Achille d'Homère fut le véritable précepteur d'Alexandre. L'aspect de la statue d'Alexandre donna l'éveil au génie de César, et l'histoire de sa vie embrâsa l'ame de Charles XII. Le Cyrus de Xénophon façonna Scipion à l'exercice de toutes les vertus. Charles-Quint émuloit Louis XI, et Richelieu rivalisoit avec Ximenès (1).

Mais ce ne sont pas seulement les hommes vertueux qui influent sur leur siècle et sur la postérité. A de certaines époques, notre globe livré à l'empire des mauvais génies, semble menacé d'une subversion totale.

---

(1) Non seulement il l'imita dans sa politique, en régentant les princes, en abaissant les grands, en commandant des armées; mais encore il releva la Sorbonne, parce que le ministre espagnol avoit fondé l'université d'Alcala; il écrivit des ouvrages de piété et de controverse, parce que Ximenès avoit composé des traités de théologie; enfin il voulut persuader à l'imprimeur Lejay de mettre son nom à la tête d'une bible qu'il imprimoit, parce que l'archevêque de Tolède avoit placé le sien à la tête d'une Polyglotte. *Voyez* l'abbé Lenglet Dufresnoy. Méthode pour étudier l'histoire, tome I.

Mahomet paroit, et le monde rétrograde. La violence le précède, la fraude l'accompagne et la fatalité le suit. Il éteint dans des flots de sang les lumières de l'orient qu'il ravage. Prophète et tyran, il érige le despotisme en religion, et détruit la liberté de l'homme, pour mieux anéantir celle du citoyen. Ce qu'il n'ose attendre de la soumission, il le commande à la foi. Ses lieutenans, pontifes et généraux déchaînent les plus viles passions pour enchaîner tous les peuples. La volupté qui tue le courage en devient l'aiguillon chez ses soldats ; et les plus efféminés, les plus indolens des hommes, bravent les travaux et la mort par ardeur pour l'oisiveté et pour les plaisirs. Partout où cette race barbare a porté ses pas, tout disparoit après elle. Les monumens s'écroulent, les livres sont consumés, les villes détruites, les ames avilies. Ni les descendans des invincibles Romains, ni ceux des Parthes indomptables, ne suffisent pour arrêter cette horde d'Arabes vagabonds. Ils ne rencontrent que des hommes énervés par une longue civilisation, trop attachés à leurs jouissances pour les défendre, redoutant trop le mal pour le prévenir, trop accoutumés à la succession méprisable des petites révolutions du palais pour rien voir au-delà ; égoïstes, jaloux , divisés , n'ayant plus rien de commun que leurs vices, leur lâcheté et leur détresse. Le fléau dévastateur frappa la moitié de l'Asie.

Bientôt, cette Égypte, toujours célèbre dans les annales du monde, qui l'éclaira dès sa naissance , le conquit sous Sésostris, brilla sous Alexandre et ses successeurs, maintint son indépendance aussi long-temps que Rome sa liberté, et conserva son lustre et sa gloire sous les Césars ; cette Égypte, dont les beaux jours s'étoient écoulés, devint la proie des farouches Musulmans , et ses ruines attestent leurs ravages. L'Afrique éprouva bientôt le même sort. La mer n'étoit plus qu'une vaine barrière. L'Espagne avoit subi le joug. Les Pyrénées étoient franchies. C'en étoit fait de l'Europe, lorsqu'un prince d'Austrasie se rencontra. Charles déploye contre l'ennemi commun, ce génie vaste et entreprenant, l'ame de l'empire français. Il rassemble ses compatriotes, les anime de son courage, défait les Arabes sous les murs de Tours, et acquiert le glorieux surnom de *Martel*.

Ainsi fut préservée l'Europe méridionale de cette terrible révolution qui menaçoit à la fois sa religion, ses lois et ses mœurs, et qui pèse depuis plus de mille ans sur l'Afrique et sur l'Asie. Telle fut alors l'influence de deux hommes sur le genre humain. Un marchand de chameaux des environs de Médine, donne du fond de l'Arabie, une impulsion nouvelle aux opinions et aux choses. Des sociétés policées, florissantes, aussi anciennes que le monde, sont bouleversées; et le chef d'un petit district des Gaules, dont les ancêtres sortent à peine des forêts de la Germanie, oppose une digue au torrent, et soutient seul l'univers qui chancelle.

Mais n'attribuons pas tout aux hommes. Ne semble-t-il pas qu'à ces époques désastreuses, et lorsqu'un déluge de sang vient peut-être régénérer l'univers, un bandeau fatal couvre tous les yeux? Ne semble-t-il pas que toute l'énergie soit du côté des assaillans, tandis que les peuples attaqués ne leur opposent qu'une masse inerte d'hommes sans chefs, et dont toutes les ames semblent rabaissées au même niveau?

Eh! que l'on n'en cherche point la cau-

dans une tyrannique nécessité, que l'on n'accuse point la providence de tout sacrifier à ses mystérieux desseins ! Les progrès du commerce et du luxe confondent les classes, amollissent les individus, procurent aux richesses la considération qui n'est due qu'aux vertus. Alors l'égoisme isole toutes les ames et déssèche tous les cœurs. Une éducation corruptrice détruit l'homme dans l'enfant même. Semblable à une terre inondée par le ruisseau qui l'arrosoit et qui se change en un marais infect, où ne croissent désormais que des plantes aqueuses et sans vertu ; la société trop perfectionnée ne produit plus de ces ames élevées, de ces caractères énergiques qui en étoient les ornemens et les soutiens. Si quelques-uns encore échappés à la corruption générale, viennent au secours de la patrie défaillante, haïs de ceux qu'on appelle les bons, qu'ils inculpent par leur exemple, ennemis nés des méchans dont ils déjouent les complots, ils périssent abandonnés de tous. Ainsi fut condamné au nom de la patrie qu'il voulut sauver, ce noble Phocion, le dernier et peut-être l'un des plus grands hommes d'Athènes. Ainsi périt à la fleur de son âge, le vertueux Agis, coupable d'avoir voulu rendre à Lacédémone son antique splendeur et sa première austérité. Ainsi l'on vit l'inflexible Caton forcé de s'arracher la vie, pour avoir seul osé défendre la liberté contre César et la fortune.

Mais la mesure est comblée lorsque le sang des justes a coulé. S'il se trouve des libérateurs pour les nations asservies, qui, sous le joug de l'esclavage, nourrissent des vertus dignes de la liberté ; pour les nations corrompues qui, sous le semblant d'une vaine indépendance, ne recèlent que des cœurs serviles et dépravés, il ne reste que des tyrans. C'est alors que les Attila, les Tamerlan, les Aureng-Zeb viennent châtier les peuples, et partout où la corruption étendit ses progrès, ils étendent leurs conquêtes. Telle on voit la flamme rapide couvrir soudain de ses ardens tourbillons un édifice dès long-temps dévoré par un feu caché ; tels dans les grandes crises du monde, ces hommes qui n'ont que le génie de la tyrannie et de la dévastation, manifestent l'incendie et consomment l'embrâsement. Le mal qu'ils font éclater n'est point leur ouvrage, et souvent ils en tarissent les sources. Ils profitent de la mollesse de leurs contemporains ; et ils usent de toute la violence des passions déchaînées pour conduire des hommes qui méconnoissent l'empire de la vertu.

Il est des ambitieux qui secouent les peuples, sans avoir les moyens de les subjuguer, ni des intentions assez pures pour les servir. Les grands hommes font naître les circonstances, ou savent les maîtriser ; ceux-ci naissent, pour ainsi dire, des circonstances mêmes. Leur cœur n'est point au niveau de leur esprit, et une infatigable activité les porte sans discernement vers tout ce qui tend à leur but. Souvent ils font faire aux talens une honteuse alliance avec les vices ; quelquefois même ils ont recours aux crimes, toujours employant les basses menées de l'intrigue, ils rampent pour s'élever. L'avenir n'est rien à leurs yeux ; ce sont les matérialistes de la gloire. Heureux encore si l'ambition n'est point chez eux, la lâche auxiliaire de passions plus brutales ou plus viles ! comme ces insectes aîlés qui nés au sein de la corruption, s'en nourissent et l'accroissent, ils entretiennent et perpétuent le mal moral ou politique qui devint l'occasion de leur grandeur. Leur langage et leur conduite diffèrent selon l'esprit du temps et celui des hommes. La perte de la considération publique, suit toujours pour eux celle de la vie et souvent elle la précède. Mais leur nuisible influence, comme le venin subtil d'un philtre empoisonné, circule rapidement dans tout le corps politique, en déprave les organes et en précipite la destruction.

A force d'amabilité et de licence, Alcibiade s'empara du gouvernement d'Athènes, et l'entraîna dans sa chute. En rompant, à son exemple, le frein salutaire des mœurs, les Athéniens forgèrent les fers dont les trente tyrans les accablèrent. Antoine éloquent, valeureux et dissolu, crut régner en se donnant un maître, et gouverner Rome en proscrivant les Romains, il périt, et sa mort consolida leur asservissement. De Retz qui n'avoit que de petits moyens, et qui ne vouloit faire que de petites choses, confondit si bien les affaires et les idées, que Turenne et Condé furent tour-à-tour rebelles sans honte et fidèles sans gloire. Il acquit aux femmes et aux intrigues une prépondérance inconnue jusqu'alors, et passa le reste de sa vie oublié des unes et étranger aux autres. Albéroni, esprit souple et remuant, entreprenant et romanesque, prétendit à la fois détrôner le roi d'Angleterre, bouleverser la France, rétablir les affaires de la Suède et conquérir l'Italie, il ne réussit qu'à compromettre l'Espagne. Il perdit le ministère qu'il devoit à la faveur, et se consola de la tranquillité de l'Europe en usurpant au nom du Pape son nouveau maître, le petit territoire de Saint-Marin.

Faudroit-il parler de l'influence de ces monstres dont le nom seul déshonore l'humanité? La terreur qui fonda leur empire en sape les fondemens; car la terreur qui fait peser sur chaque instant de la vie, le sentiment de tous les maux, est elle-même le mal le plus insupportable. Elle est le terme fatal où finit la patience et commence le désespoir. Elle fait éclater enfin une conspiration universelle, dans laquelle l'égoisme même concourt au salut commun et l'immoralité au rétablissement des mœurs. Phalaris et Néron ont reçu le prix de leurs forfaits.

Dans ce premier moment d'une délivrance inattendue, une inspiration divine semble animer la multitude et purifier toutes les ames. Tous les vœux sont pour le bonheur commun : on n'invoque plus que la paix, la justice et la bienfaisance; on rompt les liens de ses habitudes; on s'arrache à soi-même; on est transporté dans un meilleur siècle. Thébes secouant le joug de ses tyrans, fit trembler Lacédémone. La Suède brisant le sceptre sanglant de Christiern II, obtint un rang distingué parmi les puissances de l'Europe. La Hollande renversant les échafauds qu'avoit dressé le duc d'Albe, conquit son indépendance et le commerce du monde. A la mort de Caligula on vit refleurir la liberté romaine; et, si j'ose rappeler cet exemple encore récent, à la chute de Robespierre, la France s'embla renaître à la nature et à elle-même. On se félicitoit sans se connoître; une confiance sans bornes remplaçoit une défiance sans bornes. Si l'on refusoit auparavant des larmes à la pitié, alors tous les visages étoient baignés de pleurs de tendresse. La délivrance de chaque infortuné retentissoit dans le peuple entier, comme dans une seule famille. Une sorte d'enchantement déroboit à tous les regards l'avenir et le passé. On ne vivoit que pour s'abandonner aux élans spontanés d'une sensibilité comprimée naguère jusqu'à l'anéantissement, et cette jouissance si vive sembloit ne devoir jamais finir. Tout ce qui étoit bon, tout ce qui étoit moral, tout ce qui étoit religieux étoit accueilli avec ivresse. Les lieux publics retentissoient des sermens volontaires et sacrés par lesquels on s'engageoit librement à prévenir de toutes ses forces le rétablissement d'une tyrannie aussi avilissante que sanguinaire. L'injustice et l'oppression sembloient bannies du sol françois.

Qu'il seroit à desirer que les salutaires effets que produisent ces grandes secousses, fussent également durables chez tous les peuples qui les éprouvent ! Mais chez ceux dont le luxe et la corruption ont dénaturé le caractère, ces accès d'enthousiasme pour le bien, fruits de l'irritation d'une crise violente, ressemblent à cette vive lumière que jette avant de s'éteindre un flambeau déjà consumé. Le renversement d'un tyran n'est plus que le signal de l'élévation d'un autre. La corruption du gouvernement a consommé la corruption des mœurs. Les idées, le goût, le sentiment, tout s'est altéré. Il ne reste plus rien d'humain dans l'homme ; et la nature est bannie de la société. Mais, par une effrayante réaction, les despotes sont à leur tour les jouets de leurs esclaves. Leurs cadavres défigurés deviennent les marches sanglantes du trône de leurs successeurs. Les malheurs de la nation qu'ils oppriment, appellent de nouveaux malheurs. Plus les forces de l'État s'épuisent, plus les convulsions qui le déchirent, deviennent insupportables; il se démembre, il va se dissoudre, si le génie secourable d'un libérateur n'en rassemble les débris épars, et ne lui prépare, sous une forme nouvelle, de nouvelles destinées.

Telle est la remarquable influence de ces farouches dominateurs; ils raniment par leurs excès, les vertus des peuples qu'ils oppriment, ou sont eux-mêmes les victimes des passions qu'ils excitent et de l'esprit qu'ils propagent. Leurs traits conservés par l'histoire, épouvantent la postérité et glacent d'effroi jusqu'à leurs imitateurs. Ce n'est point le nom fameux du féroce Mahomet II que les sultans d'Asie, si prodigues du sang humain, associent à leurs noms redoutés, c'est celui du respectable Caagon (1), dont

(1) Le nom de ce roi de la Chine, que les rois de l'orient ajoutent à leur nom, comme les empereurs romains se faisoient appeler Césars, a encore en persan la même signification qu'Auguste en françois; car lorsque les Persans veulent exprimer quelque chose de grand et de royal, ils disent *Caagonié*. *Voy.* Chardin, Voyages en Perse, tome I.

la justice et les vertus pacifiques sont en vénération dans tout l'Orient. La vertu ne perd jamais ses droits, le crime désintéressé lui rend hommage, et le souvenir exécré des tyrans devient le gage de la modération des rois, et l'égide de la liberté publique.

On accuse l'histoire de ne retracer à nos yeux que l'odieux spectacle de nos vices et de nos fureurs. Mais ce que les hommes oublient le plus facilement, c'est l'imperfection de leur nature. L'histoire doit les y ramener sans cesse. Elle les montre irréconciliables ennemis du repos et du bonheur, et lâches esclaves d'un orgueil incommensurable qui aspire à tout usurper, ou à tout détruire. Au milieu des ténèbres du polythéisme, les Athéniens incertains dressèrent un autel au dieu inconnu; à l'aspect des forfaits qui souillent les annales du monde, l'homme sensible dédie un temple aux vertus modestes et ignorées. Si les vertus obscures n'ont pas le droit de servir d'exemple à la postérité, elles sont l'armure invisible qui préserve le genre humain. Les bonnes actions isolées, semblables à ces pétillantes étincelles qui attestent la présence

sence d'un fluide mystérieux, sont autant de preuves éclatantes que le souffle divin ne s'est point enfui du milieu des hommes. Ce n'est pas seulement une récapitulation de crimes que l'histoire nous présente, c'est surtout l'utile tableau des calamités qui les suivent; et les leçons du malheur ont un caractère de force et d'universalité qui leur est propre. Différentes causes concourent à ne rendre un peuple illustre que lorsqu'il commence à s'agiter et à se corrompre. Consolons-nous de cette apparente fatalité qui, loin de calomnier la nature humaine, contribue à son amélioration. Les cœurs dépravés dédaignent l'innocente félicité de la vertu. Les hommes qui cherchent tous le bonheur s'accordent mal sur l'objet de leurs poursuites; et la peinture de son inaltérable uniformité, ne seroit pour la plupart que l'image de l'immobile néant. Mais tous redoutent également ce qui fait souffrir ou périr, et la voix d'un instinct commun nous enseigne à fuir le mal, avant de nous engager à la recherche du bien. Ne reprochons donc plus à l'histoire de s'appesantir sur les maux et de garder le silence sur les temps prospères et heureux. Si, déroulant les complots anciens, elle fournit des plans aux conspirateurs à venir, elle apprend aux bons à les déjouer. Chaque catastrophe funeste devient une grande instruction ; et, si d'atroces exemples fournissent quelques conseils à des scélérats déjà formés, chaque grand et sublime caractère suscite une génération entière de caractères vertueux. Non, généreux Epaminondas, les victoires de Leuctres et de Mantinée ne sont point ta seule postérité ; tous ceux qui, remplis d'admiration pour ta vie héroïque, se sont élancés sur tes traces ; tous ceux qui, saisis de respect pour ta mémoire inspiratrice, se sont proposés tes travaux et tes vertus pour modèles, sont encore tes enfans et ta gloire !

L'influence que les hommes illustres, les hommes célèbres et les grands hommes doivent à leur supériorité, se modifie de mille manières, suivant les circonstances. Parmi ceux qui ne tiennent que d'eux-mêmes l'importante mission de diriger leurs semblables, les uns réforment le cœur humain par la sainteté de leurs mœurs et leur douce éloquence ; d'autres sauvent les peuples par leur valeur, ou les délivrent par leur courage. Il en est enfin qui frayent de nouvelles routes à l'intelligence et à l'industrie. Mais il est réservé à ceux que le hasard place sur le trône ou associe à l'autorité, de prêter à l'influence salutaire de leurs grandes qualités, la sanction puissante des institutions et des lois.

Parcourons rapidement les fastes du genre humain. En proie aux épaisses ténèbres de l'erreur et aux saillies tumultueuses des passions, il semble se débattre vainement dans le sombre abîme du chaos. Tout-à-coup des hommes extraordinaires s'élèvent, et la lumière luit sur quelques contrées. C'est ainsi que Pythagore réfléchit sur la Grèce et sur l'Italie, le jour qui commençoit à poindre dans l'Orient. Il rendit aux Crotoniates leur antique discipline, aux villes de Sicile leur antique liberté. Archytas, Zamolxis, Charondas, Zaleucus, sortis de son école, appelés à donner des lois à leur patrie, propagèrent ses sages maximes et fondèrent d'utiles institutions. Son disciple Lysis, devenu le maître d'Epaminondas, prépara les beaux jours de Thèbes. Empédocle, Timée, Epicharme, proclamèrent sa doctrine; et sa doctrine fut, pendant long-temps, la seule morale de plusieurs peuples de l'occident. Enfin Pythagore alluma le flambeau qui éclaira dans la suite Socrate et Platon.

Une si grande révolution opérée fit croire à quelques-uns d'entre les anciens, qu'il exerçoit un pouvoir mystérieux et surnaturel sur les esprits et sur les cœurs. C'est que le spectacle de sa piété sublime, remplissoit toutes les ames d'un saisissement involontaire, et que ce front vénérable incliné devant l'Éternel se couronnoit d'un rayon de la majesté divine. C'est que le tendre époux, le bon père, le disciple reconnoissant, le maître affectueux, l'ami constant, le vrai citoyen, l'homme sensible, commandoient encore l'amour après avoir forcé au respect; c'est que sa fidélité ne connoissoit point de bornes, et sa justice point d'écueils; c'est que la pudeur sévère qui sanctifie toutes les actions, la sobriété préservatrice de la raison et des mœurs, le silence ami du sérieux et du recueillement, l'environnoient sans cesse comme un cortège, et communiquoient à toutes ses démarches, une grace qui prévient et une gravité qui en impose; c'est enfin qu'un génie inventeur et une science profonde sembloient lui découvrir les secrets de la nature et le rapprocher de la Divinité.

Telle est sur les hommes la force de la vérité et l'ascendant de la vertu. Chassé de Samos par un tyran, banni de Crotone par des factieux, éloigné de Locres, poursuivi dans Tarente, massacré par la populace à Métapont, Pythagore fut révéré comme un dieu par la postérité. Pour justifier un dogme aux yeux des Pythagoriciens, il suffisoit de répondre : *il l'a dit.* Long-temps après sa mort, les Romains lui élevèrent une statue de bronze, comme au plus sage des Grecs. Isocrate disoit encore, du temps de Philippe ; *nous admirons plus un Pythagoricien, même quand il se tait, que les plus éloquens, quand ils parlent.*

Dans ce temps-là Socrate parut. Platon, Aristote et Xénophon furent ses disciples. Tout ce que l'homme peut apprendre à l'homme sur sa nature, sur ses droits, sur ses devoirs, l'école de Socrate l'apprit au monde. Les vils calculs de l'utilité abrutissoient toutes les ames, à sa voix, elles prirent un nouvel essor et s'élancèrent vers l'honnête. Cette tranquille résignation, ce détachement absolu, ce mépris de la mort, ou plutôt de la vie, que les rigides Stoïciens réduisirent en maximes, Socrate les avoit pratiqués. Jusqu'au christianisme, rien de plus parfait ne devoit concourir au bonheur du genre humain; et pour qu'il participât tout entier à ce grand bienfait, Alexandre ne vint qu'après Socrate. La langne d'un petit peuple européen pénétra jusqu'au golfe persique, et, naturalisée sous tous les climats, naturalisa partout la saine morale. C'est ainsi que les conquérans, semblables à ces vents impétueux qui jettent au loin d'utiles semences, répandent parfois au sein de la destruction même, des germes d'activité et de développement qui compensent les maux qu'ils ont faits.

Cependant il existoit au fond de l'Asie, un peuple séparé de tous les peuples. Une tradition fidelle et pure y conserva durant long-temps, la pratique et les dogmes de la religion naturelle. Mais l'intérêt, l'ambition et la sensualité, tristes fruits des progrès brillans et rapides de la société, obscurcissent bientôt les vérités les plus claires et dénaturent les sentimens les plus purs. On ne voyoit plus à la Chine que de petites peuplades désunies et rivales, ne fondant leur repos mutuel que sur la corruption universelle. Confucius, comme un autre Socrate, vint y rétablir la morale ; et quel homme exerça jamais sur un peuple une plus puissante influence ? Sa sagesse se manifesta dès son enfance. Sa vie entière fut consacrée au bonheur des hommes. Premier mandarin du roi de Lou, il eut, en moins de trois mois, régénéré ses peuples et sa cour. Errant et persécuté, il ne déploroit que l'aveuglement et l'infortune de ses persécuteurs acharnés. Passionné pour la vérité, souvent il résolut de passer la mer pour faire rejaillir sur le reste du monde, cette lumière qui luisoit en lui. Plus de trois mille disciples s'attachèrent à ses pas ; il en dispersa cinq cents sur tous les points de l'empire. Ils étoient chargés d'annoncer que, pour rendre à sa beauté primitive la nature humaine dégradée par la violence des passions, il falloit obéir au ciel, aimer les hommes, et se conformer aux préceptes de la raison. Cette doctrine, deux mille ans après sa mort, est l'unique morale du peuple chinois, la seule religion des lettrés et la raison publique de l'empire. Après le Dieu du ciel, au-dessus de l'empereur père, on place le maître des mœurs. On lui a construit des temples, et sa mémoire est l'objet d'un culte particulier. Mais, au sein des égaremens monstrueux de l'idolâtrie, son ombre immortelle préserve son tombeau de l'outrage d'une criminelle adoration. Elle plane sur tout l'empire, et l'anime comme un vaste corps. A son inspiration, des monumens publics couronnent des vertus privées, et le langage muet et persuasif des signes, reproduit sous toutes les formes les principes sacrés de la morale. Enfin Confucius semble avoir scellé le livre des destinées de la Chine, et nul n'a osé, après lui, porter à son ouvrage une main hardie.

Lorsque les temps furent accomplis, la religion chrétienne vint consoler et sanctifier la terre. Parmi les moyens humains qui concoururent à son établissement, il faut placer au premier rang l'influence de ces illustres personnages qui décorèrent l'église par leurs vertus, et méritèrent de gouverner les peuples par leur sagesse. Les annales du christianisme sont pleines des grandes choses qu'a produit l'imitation de ces grands modèles. Les barbares même et les infidèles cédèrent à l'ascendant irrésistible de leur caractère simple et sublime. On vit Genseric irrité, marchant sur Rome à la tête des Vandales, pour en exterminer les habitans, se laisser fléchir par le vénérable Léon, et la horde entière s'abstenir du meurtre et de l'incendie. On vit le farouche Totila ne se présenter qu'en tremblant dans l'humble cellule du solitaire Benoît; le paisible vieillard lui reprocha ses crimes, et le tyran l'écouta sans impatience ; il sortit pénétré d'une religieuse émotion, sans moins de vices peut-être, mais avec plus de remords. On a vu dans tous les siècles, des hommes de charité et de miséricorde, tels que Hugues de Lincoln, modérer les princes dans l'exercice de leur pouvoir; ramener les chrétiens, comme Ambroise, à cet esprit de douceur, d'union et de patience, véritable esprit de l'évangile ; braver les fléaux, en arrêter les ravages et en adoucir les horreurs, comme Charles Borromée; enfin par un dévouement sans bornes se consacrer au soulagement de l'humanité souffrante, à la réparation des suites affreuses du libertinage et du vice, à la guérison de toutes les playes de la nature et de la société, comme le céleste

Vincent de Paule. Ah! les œuvres de sa piété subsistoient encore au milieu de nous ; esclaves volontaires de la charité, ses enfans selon le seigneur tendoient à la triste infortune, leurs bras fraternels. L'autel propitiatoire étoit au milieu du peuple ; la pureté, le désintéressement, la tendre humanité, y offroient un perpétuel sacrifice d'expiation, et la foudre vengeresse étoit suspendue !

Notre siècle si fier de ses progrès et de ses conquêtes en tout genre, regarde comme un de ses plus précieux avantages, cet esprit de tolérance universelle qui semble s'être propagé dans tous les états. La grande révolution religieuse qui s'opéra en Europe vers le milieu du quinzième siécle, en rallumant pour un temps les bûchers de la persécution, préparoit leur extinction totale. Les hommes divisés par les dogmes de la religion devoient sans cesse être rapprochés par les diverses combinaisons de la politique, les chances du commerce et les orages de la société. Désabusés de leurs préjugés haîneux par l'expérience et réunis par la nécessité, ils ont enfin oublié dans l'usage de la vie ce que leurs opinions ont de divers, pour ne se souvenir que de ce qu'elles ont de conforme.

Cependant deux hommes de croyance différente, ont puissamment accéléré la fin du règne de l'intolérance. L'un d'eux fut ce Guillaume Penn qui à la fin du siècle dernier, alla fonder dans les forêts de l'Amérique septentrionale une république qui fleurit de nos jours. Il commença par traiter comme des hommes, ces indigènes infortunés que l'on ravaloit au-dessous des brutes. Il acheta d'eux les terres qu'il prétendit posséder ; il défendit de les troubler dans leurs chasses, de les corrompre ou de les tromper. Il accorda à ses colons la liberté religieuse la plus illimitée. Il suffisoit de croire en Dieu pour être toléré ; il suffisoit d'être chrétien pour parvenir aux magistratures. Du fond de l'Irlande et de la Suède, de la Holande, de l'Allemagne et de la Finlande, on accourut vers cette terre d'asyle. La Caroline, la Virginie et le Massachuset imitèrent bientôt cet utile exemple. L'Europe en ressentit la réaction salutaire, et l'Amérique à qui elle devoit tant de fléaux, lui donna cette fois des leçons de philantropie.

A-peu-près à la même époque, un évêque français respecté des étrangers qui révéroient en lui l'ami de l'humanité, plus grand encore, s'il est possible, par son humilité que par ses talens; qui, dans un temps d'injustice et de violence, ne fonda le succès de ses missions que sur l'autorité de l'évangile et la force de la persuasion; l'instituteur et l'ami d'un jeune prince en qui la France vit périr toutes ses espérances; Fénélon, en un mot, prêchoit la religion en esprit et en vérité. La conversion du cœur étoit l'unique objet de ses souhaits et l'unique but de ses travaux. Selon lui c'étoit empiéter sur les droits de Dieu même que de prétendre exercer sur les consciences l'empire incommunicable qu'il s'est réservé. La violence produit l'hypocrisie, jamais elle ne commande l'amour, et la religion ne consiste que dans ce culte du cœur, qui seul peut vivifier les signes sensibles et les secours salutaires que nous ménage le culte extérieur, pour soulager notre foiblesse, nourrir notre piété et nous retenir dans l'ordre, l'union et l'obéissance. Si le Duc de Bourgogne eût vécu, l'âme aimante de Fénélon eût peut-être changé la face de l'Europe entière. Son Télémaque eut une grande influence sur les affaires et sur les esprits. En France, les parlemens opposoient ses maximes aux édits des rois. Partout il répandit un esprit de modération et de réforme qui adoucit toutes les mesures, et tourna toutes les pensées vers un plan d'amélioration générale.

Mais dans toutes les classes et dans toutes les professions, on compte des hommes vertueux qui réagissent sur la postérité. N'en doutons point, Châtillon, Duguesclin, Bayard, Montmorency, Turenne, ont maintenu parmi nous la foi, la bravoure, la franchise et l'honneur. Les noms de Hampden, Clarendon, Falkland et Strafford rappellent aux Anglois la sagesse et le zèle, l'amour de la liberté et la haîne de la licence. Les héros de Morgarten avoient inspiré aux Suisses leurs descendans, ce courage calme et cette intrépidité invincible, qui leur permirent quelquefois de laisser échapper la victoire quand ils étoient las de vaincre, mais jamais d'être vaincus. C'est ainsi que quelques hommes, riches en vertus, ornés de prudence, épris avec ardeur de la véritable beauté, ont acquis sur les peuples une bienfaisante autorité qui se perpétue d'âge en âge.

Au milieu des secousses violentes d'un

tremblement de terre impétueux, un athlète renommé soutint, dit-on, un édifice chancelant, et sauva par sa vigueur ceux que menaçoient ses ruines; lorsque le monde politique ébranlé jusque dans ses fondemens semble prêt à se dissoudre, des âmes d'une trempe forte et d'un courage intrépide viennent l'affermir sur sa base, et conjurer la tempête.

L'époque où la puissance royale, journellement accrue des débris de la féodalité expirante, se saisissoit du manîment des affaires, et s'arrogeoit la souveraineté sans partage, devint celle d'un péril imminent pour toute l'Europe. L'autorité qui se déplaçoit, n'appartenoit à personne; les seigneurs ne la possédoient plus; les monarques ne la possédoient point encore. L'esprit de chevalerie s'éteignoit; l'esprit de controverse ne faisoit que de naître et déjà le sang couloit pour des querelles religieuses. Chaque ville avoit son prince; chaque famille noble, son chef; et il y avoit autant d'intérêts divers que de chefs et de princes. Cependant l'Europe qui, deux siècles auparavant, se précipitoit sur l'Asie, sembloit à son tour livrée sans défense aux Asiatiques qui l'envahissoient. Les Turcs, après avoir secoué le joug des Arabes et renversé leur empire, après avoir rendu les chrétiens d'Asie, esclaves ou tributaires, menaçoient à la fois la Grèce, Venise et la Hongrie. Une suite de sultans éclairés avoient perfectionné leur police et leur discipline; leurs fortifications servoient de modèle aux Européens; leurs machines de guerre les glaçoient d'effroi; leur tactique étoit supérieure et leur courage indomptable. La bataille de Nicopolis auroit dû révéler à l'Europe toute l'étendue de ses dangers; mais c'étoit vainement que le pape sans autorité appeloit les chrétiens désunis au secours de la chrétienté; personne ne vouloit sacrifier l'honneur du commandement à la gloire de l'obéissance. L'empereur étoit sans pouvoir; l'Angleterre et la France ne posoient plus les armes depuis longtemps; l'Espagne étoit divisée; la Bohême étoit en feu; la Prusse épuisée ou mécontente; l'Ecosse rebelle; le Danemarck aux prises avec la Suède, et peu sûr de la Norwège. La Pologne et la Hongrie, exposées aux premières attaques, furent les seules à prendre les armes; mais leurs guerriers indisciplinés, aussi incapables de subordination que de lâcheté, connoissoient d'autant moins de frein, que l'autorité royale étoit chez eux bornée par plus de limites.

C'en étoit donc fait du monde chrétien et tout eût cédé au génie d'Amurat, de Mahomet et de Soliman, si Huniades et Scanderbeg n'eussent mis un terme à leurs succès. Huniades d'une origine obscure, s'étoit fait connoître en Italie, sous le nom du Chevalier blanc de Valachie. Vainqueur des Turcs en Hongrie, il mérita le titre et l'office de vaivode de Transilvanie. Après la mort d'Uladislas, il fut choisi pour administrateur du royaume, et un règne de douze ans, au milieu des troubles de toutes espèces et de guerres continuelles, dépose en faveur de son génie, autant que de sa valeur. Partout où il ne défit pas les Turcs, il balança leur fortune; jamais il ne les perdit de vue. Assaillant s'il n'étoit assailli; vainqueur ou vaincu également redoutable; il sauva par sa mort la Hongrie, l'Allemagne et l'Italie, en forçant Mahomet II de lever le siége de Belgrade. Une fête (1) fut insitituée pour éterniser la

(1) La fête de la Transfiguration, instituée l'année de la prise de Belgrade, fut placée le 6 Août, en mémoire de cet heureux événement. *Voyez* la continuation de Fleury, Hist. ecclesiast. Tom. 23.

mémoire

mémoire de cet exploit, on célébra des prières publiques pour déplorer sa mort glorieuse; mais l'Europe ne demeuroit pas sans défenseur, Scanderbeg vivoit encore. Fils d'un petit prince d'Epire nommé Jean Castriot, livré aux Turcs en ôtage dans son enfance; élevé par Amurat II, Scanderbeg avoit servi sous lui, et s'étoit avancé dans l'armée par sa vaillance. Le despote de Servie, les empereurs grecs et les princes asiatiques avoient fait la funeste épreuve qu'en traitant avec les Turcs, on alloit au-devant de tout ce que l'esclavage a de plus révoltant et la conquête de plus affreux. Toutefois la lâche indolence des cours, fertile en illusions, cherchoit des crimes aux malheureux, et goûtoit sous cette barbare garantie, une dangereuse sécurité. Le déplorable prince d'Epire devint la triste victime de cette cruelle expérience. A sa mort Scanderbeg résolut de secouer le joug et de délivrer sa patrie. Il entraîne l'armée ottomane dans sa fuite, se fait livrer Croie, capitale de l'Epire et de l'Illyrie, délivre ces provinces en un mois, en assemble les principaux habitans et leur fait conclure une ligue dont il est déclaré le chef. Venise, le roi d'Arragon, le pape, le roi de Hongrie, le duc de Bourgogne, le félicitent et le secourent. Le roi de Cappadoce, l'empereur de Trébisonde et le sultan de Caramanie, lui proposent une utile diversion sur les bords de la mer Noire. Mais les défiances et les dissentions se réveillent en Europe. Scanderbeg est forcé de conclure une trève : Trébisonde et la Paphagonie passent sous le joug. Durant vingt-trois ans, avec quinze ou vingt mille hommes, Scanderbeg soutint le choc de tout l'empire ottoman. Les plus braves aventuriers de France et d'Allemagne étoient accourus sous ses drapeaux. Ses compatriotes se croyoient invincibles sous sa conduite et en avoient convaincu l'ennemi. Habile à tirer parti d'un pays de montagnes, il distribuoit la nation entière dans tous ses postes. Des signaux donnoient l'alarme, et prompts à la défense des rochers qui les défendoient, les Albaniens, du haut des sommets escarpés jusqu'au fond des plus affreux précipices, s'aprêtoient à combattre avec cet acharnement qu'inspire aux énergiques montagnards l'aspect sublime de leur patrie. Le nom seul de Scanderbeg protégoit l'Archipel entier, et sa prodigieuse bravoure força ses ennemis à lui rendre après sa mort une sorte de culte superstitieux.

Les noms d'Huniades et de Scanderbeg répétés par toutes les bouches, donnèrent l'éveil à toutes les vertus chevaleresques qui formoient l'esprit général des siècles précédens. La Castille et l'Arragon attaquèrent les Maures. Les Portugais descendirent en Afrique. Dans Rhodes le cardinal d'Aquilée déploya l'habileté d'un grand capitaine. Une jeune fille sauva Lesbos par sa vailliance. Une paysanne suisse contribua à la défense de Négrepont. Plus tard, une jeune Vénitienne en retarda la chute par ses efforts héroïques et préféra généreusement la mort à l'infamie du sérail. En Chypre, les femmes volèrent sur la brêche et sauvèrent glorieusement leur patrie. Une fille de Lemnos, armée du bouclier et de l'épée de son père, mort en combattant, repoussa les Turcs jusqu'au rivage. Les femmes et les enfans se signalèrent en Hongrie et en Bosnie dans nombre de siéges et de batailles. On cite une femme de Transilvanie qui tua dix janissaires de sa main. A Rhodes et à Malthe elles secondèrent les chevaliers, endurant la mort avec courage et les fatigues avec patience. Toutes les ames furent aggrandies et les caractères exaltés, l'héroïsme de la religion, se joignit à celui de l'honneur, et l'Europe fut sauvée du plus redoutable péril, au prix de son sang le plus pur.

Un nouveau cours d'événemens commençoit de nouvelles destinées et l'univers ébranlé avoit changé d'attitude. La Suède asservie au joug de l'étranger, portoit impatiemment le poids de ses fers. Mais ses efforts impuissans retomboient sur elle-même et aggravoient l'horreur de sa situation. Vainement Engelbrecth, Torkel Knutsson et Sten-Sture II avoient-ils pris les armes, leur sang avoit coulé glorieusement, mais sans utilité pour la patrie. Leur mort consolida la domination danoise, où plutôt l'usurpation d'un tyran que le Danemarck haïssoit et qu'il répudia pour ses crimes. Stockholm retentissoit des réjouissances qui suivirent son couronnement; la pompe des fêtes duroit encore, lorsqu'un sombre deuil l'enveloppa de toutes parts. Les citoyens sont consignés dans leur domicile, l'airain menaçant interrompt toutes les communications et commande un affreux silence. Les sénateurs, les évêques, les magistrats, une foule de seigneurs, sont arrêtés encore revêtus des ornemens de leurs dignités, dans ce même palais où ils venoient de recevoir les sermens sacrilèges de leur meurtrier. Une prétendue bulle du pape est alléguée, deux évêques danois les condamnent sans jugement, leur tête tombe, et la ville est livrée aux fureurs brutales des soldats qui cherchent de nouvelles victimes. Le cadavre de Sten-Sture II est exhumé; sa veuve est condamnée à la mort. Les corps sanglans des condamnés sont exposés sur les places publiques; on défend rigoureusement de leur donner la sépulture. Christiern repaît ses regards de cet affreux spectacle, et comme s'il prétendoit détruire dans tous les cœurs la voie de la nature que le sien avoit étouffée, il invente des supplices qu'il inflige à la pitié, et croit, dans l'horreur des tourmens, éteindre l'horreur de ses crimes. Les bourreaux se partagent les dépouilles des proscrits. Le brigandage et la tyrannie montent à leur comble, et la Suède privée de tous ses chefs, semble, par l'excès même de ses maux, condamnée à n'en voir jamais le terme. Christiern qui préludoit à la cruauté par la trahison, s'étoit emparé par surprise de Gustave, fils du sénateur Eric Wasa, neveu du roi Charles VIII Knutsson, et qui, dès son adolescence s'étoit distingué dans les combats par son intelligence et par sa valeur. Echappé, comme par miracle, à la mort et aux fers, il parcourut la Suède sous le plus vil déguisement, cherchant à réveiller partout l'amour de la patrie et de l'indépendance, et à susciter des vengeurs au sang de son père et de tant de héros qu'un bourreau venoit de répandre. Vains efforts! Loin de trouver des secours, souvent il manquoit d'asyle. Il se réfugia dans les mines de la Dalécarlie, et se confondit parmi les ouvriers. Ce fut au milieu de cette nature sauvage, parmi ces hommes simples, fiers de leur indépendance et prodigues de leur vie, que son éloquence et la noblesse de ses manières lui formèrent un parti. Un gros de paysans fut d'abord toute sa force; bientôt cinq petites provinces se soulevèrent; son armée grossit; les proscrits vinrent le joindre, et il se fortifia dans les montagnes. Bientôt il descendit dans la plaine; Vesteras, Upsal, tombèrent en son pouvoir, et il forma le siége de Stockholm. L'indiscipline et l'inexpérience de son armée, qui combattoit régulièrement pour la première fois, et avec des armes nouvelles, faillit à lui arracher la victoire que Christiern n'osoit lui disputer. Mais son activité; sa résolution, son ascendant remédioient à tout; il franchissoit toutes les distances, et durant des courses continuelles qui ne laissoient jamais son épée oisive, son esprit suivoit les combinaisons les plus vastes et les plus profondes. La doctrine et les prédications de Luther remplissoient tous les États de dissentions intestines. Christiern redoutoit le mécontentement des Danois, et ne se vengea de la Suède que par des atrocités nouvelles. Cependant l'infatigable Gustave, après la conquête de la Gothie occidentale, fut proclamé administrateur du royaume, aux états de Vadestan. Les places que sa valeur ne pouvoit soumettre, se rendoient à sa politique. Il désespéroit de prendre Stockholm, sans marine; une alliance avec la république de Lubeck lui fournit une flotte et le mit en état de tenir la mer. Tout-à-coup le soulèvement des Danois contre Christiern, prête à Gustave un heureux appui, et les forteresses qui résistoient, se rendent. Stockholm seul tient encore, et le héros qui veut affermir son autorité et le repos de sa patrie, est peu jaloux d'en presser la chute. Il assemble les états à Stregnez, fait remplacer les sénateurs, est élu roi et prend Stockholm. De nouveaux états l'autorisèrent bientôt à tout entreprendre pour la conservation de sa dignité. Un clergé factieux et trop puissant, cause principale des malheurs de la Suède, par son ignorance et son ambition, fut renversé par la fermeté du nouveau roi, et la nation reconnoissante déclara la couronne héréditaire dans sa famille. La confédération de Smalcalde rechercha son alliance. François I, roi de France, conclut avec lui une ligue offensive et défensive. Durant tout son règne, il gouverna sans ministres, comme il avoit fait la guerre sans généraux. Il détruisit le clergé (1) et subordonna la noblesse au trône. Le commerce fleurit sous son règne ; la Suède heureuse au-dedans fut respectée au-dehors ;

---

(1) Sans doute Gustave détruisit, lorsqu'il n'eût fallu que réformer ; il entama la foi en attaquant les abus. C'est que la plupart des réformateurs, pour extirper le mal, tarissent la vie. (*Note postérieure à l'envoi du discours*).

elle lui doit encore son rang et sa puissance, et elle bénit tous les jours la mémoire de son bienfaiteur.

Heureux les hommes illustres dont le bras est le rempart d'un empire et de tout un peuple; destinés par la Providence à mettre un terme aux ravages et à la dévastation, ils tournent la guerre contre elle-même, et elle devient, par eux, la puissante auxiliaire de la paix. Ses moyens destructeurs se transforment dans leurs mains en sauve-garde tutélaire. Ainsi la Grèce envahie vit les flots de ses conquérans venir se briser aux pieds de Miltiade et de Thémistocle, et se dissiper devant leur génie. Ainsi Bélisaire et Narsès, tous deux victimes de l'envie et favoris de la victoire, retinrent, pour un temps, sur les bords du précipice l'empire romain qui s'abîmoit. Ainsi Pélage disciplinant les pâtres des Asturies, jetoit au milieu d'eux les fondemens de la nouvelle monarchie espagnole; le Cid en étendoit les frontières par ses conquêtes, et Gonsalve de Cordoue en achevoit la délivrance dans les plaines de Grenade. Tels on vit Dom-Juan d'Autriche délivrer la Méditérannée; Guillaume de Nassau fonder l'indépendance batave par sa rare valeur et la sagesse de ses conseils ; Alexandre Farnèse répandre en Italie et dans l'Europe entière, la terreur de ses armes ; George Washington enfin, guerrier modéré, citoyen vertueux, assurer la liberté des Américains, et mériter l'estime de ses ennemis.

Mais il est des hommes qui ne s'élèvent au-dessus des autres que par la supériorité de leurs conceptions, et ce sont ceux qui portent dans la société la plus grande mise de fonds. Car les pensées sont les richesses mobiliaires de l'ame, elles deviennent la propriété de tous ceux auxquels on les communique, et le plus ignorant ouvrier peut fonder l'espoir de sa subsistance sur le chef-d'œuvre des plus habiles mécaniciens. Les découvertes, les opinions, les écrits peuvent bouleverser le monde.

Quel homme qu'un Christophe Colomb ! par un seul calcul géographique, il change la politique et les mœurs des nations, et fait tomber aux mains de l'industrie le sceptre de la puissance et les priviléges de la vertu ! Une longue expérience lui apprend à connoître le cours des vents ; il appuie les conséquences qu'il en tire sur quelques monumens inexplicables de l'antiquité et sur quelques traditions obscures des voyageurs du moyen âge. Insensible à tous les refus, surmontant tous les dégoûts, luttant contre la fureur des flots et la révolte des siens, s'exposant à devenir le martyr de sa conviction, il cingle sous un ciel inconnu, sur une mer sans rivages, vers une terre nouvelle qu'il pressent sans la connoître. Il y descend le premier, et la terre s'accroît sous ses pas. Aussitôt Vasco de Gama double le cap de Bonne-Espérance, Magellan s'élance vers les terres australes, Drake fait le tour du monde, l'astronomie se perfectionne, la navigation s'éclaire, la géographie s'étend, les arts mécaniques se multiplient, les anciennes manufactures fleurissent, on en établit de nouvelles; de nouveaux arts, de nouvelles professions viennent ajouter au développement de la société en Europe. Les idées changent à mesure que les connoissances augmentent : la physique et l'histoire naturelle s'enrichissent; et comme on aime à tout rapporter à ce que l'on sait le mieux, c'est par les principes qui les gouvernent, que l'on rend raison de chaque chose. Les peuples se mêlent et perdent l'esprit qui les distinguoit, pour prendre cet esprit de calcul qu'engendre le commerce et qui les rabaisse tous au même niveau. Les vices et les maladies circulent avec les richesses. Les Espagnols conquérans de deux grands empires en Amérique, et les Portugais dominateurs de l'Inde, jettent les fondemens d'une puissance redoutable qui doit bientôt sortir de leurs mains. Les Français triomphent un instant dans les deux Indes. Mais les Anglais, au milieu des troubles civils qui les divisent, éclipsent déjà la grandeur espagnole en Amérique, et les Hollandais, expulsant les Portugais du golfe persique, présentent dans l'Inde le phénomène d'une république toute puissante dans ses colonies, durant l'oppression de la métropole. Enfin un État indépendant s'élève en Amérique sur les débris de la domination anglaise, tandis que les Anglais, maîtres des possessions hollandaises, et conquérans de l'empire mogol détruit, comptent au nombre de leurs provinces, les contrées les plus populeuses, les plus fertiles et les plus riches de l'Asie. La Chine est révélée au reste de l'univers, et le tiers de la population du globe réuni en une seule société, offre le prodige satisfaisant d'un État fidèle à la paix et au bonheur durant une longue suite de siècles. Cependant au milieu des exploits féroces des Corter et des Pizarre, la religion chrétienne se répandoit. Si l'aveugle cupidité guida tant de navigateurs et devint l'ame de tant d'établissemens, l'évangile et la morale eurent aussi leurs argonautes et leurs propagateurs. La découverte des deux Californies n'eut pour objet que la conversion des peuples, et le gouvernement paternel du Paraguay, que leur amélioration et leur bonheur. L'esprit général s'étant adouci, on vit, aux descentes intéressées des premiers voyageurs, succéder les visites paisibles de Cook et de la Peyrouse, laissant dans toutes leurs stations des semences utiles, des animaux domestiques, et des arts nécessaires. Enfin, tout récemment, le vertueux Wilson ressaisissant dans sa vieillesse le gouvernail qu'il avoit abandonné, vient de nous présenter le touchant spectacle d'un cœur pénétré de cette charité parfaite qui se dévoue au service de l'humanité, sans condition et sans réserve. Déjà l'abolition des sacrifices humains chez les Otahitiens, a couronné ses travaux. Heureux celui qui, s'endormant dans le sein paternel de son Dieu, pourra se rendre le consolant témoignage de l'avoir fait connoître aux hommes, et d'avoir rendu les hommes dignes de lui !

La découverte de Colomb n'a pas eu sur l'Afrique une moindre influence que sur les autres parties du monde. La traite des Nègres déjà commencée, fut portée à un plus haut point d'activité. Un peuple entier arraché à sa patrie, fut condamné par un peuple usurpateur, à féconder par ses travaux et à baigner de ses larmes, une terre fumante encore du sang de ses premiers habitans. La nature humaine fut abrutie par les plus vils traitemens ; et des maîtres impitoyables, plus dégradés que leurs esclaves, méconnurent jusqu'aux lois grossières de l'instinct, qui font que l'animal même respecte sa propre image dans son semblable. Une partie des plus brillans établissemens des Européens vient de succomber à nos yeux sous le poids de l'iniquité. Les Caraïbes inoffensifs exterminés par les Espagnols, ont été vengés sur les François de Saint-Domingue, par des Africains furieux. Effrayante réaction, tombée sur des innocens, provoquée par des séditieux inhumains, sous le prétexte spécieux d'une meurtrière philantropie, et qui menace, comme un feu souterrain, d'éclater à l'improviste et d'embrâser toutes les Antilles! Mais déjà l'on s'occupoit de tarir les sources du mal, et cette funeste catastrophe n'eût probablement jamais eu lieu, sans les détestables menées d'une secte aussi sanguinaire qu'absurde. Des réglemens plus doux venoient partout alléger l'esclavage. Sur les bords brûlans de Sierra-Leona on donnoit à des Nègres affranchis les premières leçons de liberté. En Pensilvanie, la religion la leur avoit rendue; dans les Antilles elle venoit consoler leur servitude. On a vu des frères Moraves partager leurs chaînes et leurs travaux, pour leur administrer plus sûrement les secours efficaces de la religion. Le Danemarck, la France, l'Angleterre, prenoient l'engagement solemnel de ne plus trafiquer de la vie et du sang des hommes, et s'apprêtoient à faire goûter par degrés aux Nègres esclaves, les douceurs domestiques de la civilisation et le bienfait de l'indépendance. Pourquoi faudroit-il que les circonstances actuelles suspendissent l'effet de ces sages résolutions ? Ah ! ne punissons point des innocens, de nos fautes, de nos malheurs ou de nos excès. Si l'on a massacré les hommes au nom de l'humanité, ne les opprimons pas au nom de la justice. Faisons le bien lentement et sans secousses ; mais gardons-nous d'y renoncer. Eh ! qui pourroit consentir à gouverner les foibles mortels, s'il falloit perdre l'espoir de les rendre heureux ?

Que ne pourrions-nous pas dire des inventeurs de la boussole, de l'imprimerie, de la poudre à canon ? L'aiguille aimantée, comme le javelot d'Abaris, efface les distances et rapproche les points les plus éloignés. La pensée sans cesse renaissante sous les presses infatigables de Furst, de Guttemberg et de Schœffer pénètre en des climats inconnus à son auteur, et devient indestructible par la reproduction continuelle des fragiles monumens qui la rendent sensible. Deux moines pacifiques du fond de leur solitude, donnent à l'art militaire une forme nouvelle. La mollesse peut désormais s'allier à la bravoure, et le courage n'est vainqueur que sous l'égide de la science. Ces importans effets ont eu sur la politique et sur les

mœurs

mœurs, l'influence la plus marquée, et l'état actuel du monde n'est que le grand résultat de leurs diverses combinaisons. Les Détracteurs de l'histoire moderne, ne font pas assez d'attention à l'intérêt puissant que commande ce vaste ensemble. Ce n'est plus la vie d'un homme, les archives d'une ville, les fastes d'une province, l'histoire d'un peuple dont il s'agit, ce sont les annales de l'humanité qui se déroulent à nos yeux. Tout ce que la sociabilité peut sur l'homme, tout ce que l'homme peut sur lui-même, l'empire de l'opinion, de la coutume, des lois anciennes et des idées nouvelles, l'influence des sciences, des arts du commerce, du luxe, de la promiscuité du genre humain, si j'ose m'exprimer ainsi, tel est le spectacle imposant que les siècles derniers nous présentent, et le riche tableau dont des mains habiles ont esquissé quelques parties.

Patrice le premier parmi les modernes, s'étoit révolté contre Aristote. Nizolius mit en avant quelques principes nouveaux. Gassendi exposa le fort et le foible de la philosophie des anciens. Enfin Descartes parut et sa méthode produisit dans les esprits une révolution universelle. Il n'a pas seulement inspiré Mallebranche, et ouvert la carrière à Locke, Condillac et Kant; mais il a fondé parmi nous la liberté de penser. Les coups mortels qu'il a portés au despotisme barbare d'une routine aveugle et d'une autorité mystérieuse qui puisoit dans ses ténèbres même la prétention exclusive d'éclairer les hommes, sont retombés peu-à-peu, sur tout ce qui étoit antique et accoutumé. D'une sage défiance pour tout ce qui n'étoit fondé que sur une obscure antiquité, on en est venu à l'amour passionné de la nouveauté. Tout s'est écroulé devant les réformateurs, et l'univers moral, comme cette plaine couverte d'ossemens en poudre dont parle l'écriture, attend dans le silence de la mort, qu'une voix divine lui dise : *membres épars, réunissez vous*.

Tous nos progrès dans la culture de l'esprit et du goût, se rattachent à quelques noms célèbres. Pétrarque commença les langues modernes et rajeunit les anciennes. Boccace, Bembo, le Trissin, fondèrent la langue toscane. Daurat, Ronsard et Balzac, accréditèrent la langue française. Le Tasse éleva le superbe édifice de la poésie italienne, et ses successeurs, suivant l'ingénieuse expression de Boccalini, n'eurent d'asyle que dans le palais de l'imitation. Jacques Destaples avoit réveillé en France le goût des sciences exactes. Oronce Finé les rendit à leur antique splendeur, en les séparant de l'usage abusif qu'on en faisoit, et les enrichissant d'instrumens nouveaux. Après eux, François Viette jeta les fondemens de l'algèbre et fut glorieusement suivi par Aleaume et Anderson. Fernand Nunnez de Valladolid apporta en Espagne le goût de l'érudition qui se répandoit en Europe, et Diego Covarruvias de Tolède donna des lois à ses écoles. Dans les Pays-Bas André Vesal et Roland Lassus ont réssuscité l'anatomie et la musique. Malherbe est le fondateur de la poésie française. Shakespeare le père du théâtre anglais et l'inventeur d'un nouveau genre. Cervantes, Adisson et Despréaux ont, chacun dans leur temps, fixé le goût de leur patrie et influé sur le goût général des nations. Enfin la langue allemande soudainement enrichie de chefs-d'œuvre de tous les genres, rend graces de cette illustration subite à une foule d'hommes distingués, presque tous contemporains, et qui donnent à l'Allemagne le superbe spectacle que présenta le siècle de Périclés, à la Grèce étonnée.

Si la politique de Machiavel devint l'ame de tous les cabinets italiens, si les principes de Grotius et de Puffendorff adoptés par toutes les nations, devinrent les maximes du droit des gens, les réflexions profondes de Montesquieu ne sont-elles pas de nos jours, le code de la sociabilité ? La métaphysique obscure et imparfaite du *Contrat Social*, n'a-t-elle pas donné à J. J. Rousseau une influence qu'il désavoueroit lui-même. Enfin Beccaria, en proclamant quelques vues d'humanité, n'a-t-il pas appelé la réforme sur la jurisprudence criminelle de tous les pays, et renversé, comme d'un souffle, la législation pénale des Suisses ?

Bornons-nous à ces exemples éclatans; car, nous ne saurions renfermer dans les bornes qui nous sont prescrites, le tableau complet et raisonné de l'influence des écrivains sur les mœurs. Qu'une tête plus forte enfante cette riche composition, et qu'un pinceau plus exercé en exprime habilement et les détails et l'ensemble. Contentons-nous d'observer qu'un principe de philosophie, un pas de plus dans les sciences, un art plus ou moins perfectionné, contribuent souvent plus qu'on ne pense, à la perte ou au salut d'un grand peuple. Colomb réduit à la plus extrême disette, ne pouvoit obtenir ni par force, ni par adresse, les vivres que les Indiens lui refusoient. La lune étoit sur le point de s'éclipser. Il prédit ce phénomène redouté, comme un effet de sa colère, et les Indiens à ses genoux implorèrent leur pardon au prix de leur propre subsistance. Mais si nous ne devons pas oublier que les ravages de Cortez et de Pizarre, et les progrès de Mahomet et des Arabes, furent plutôt les fruits de l'ignorance des peuples que de la courageuse audace de ces hommes entreprenans, souvenons-nous aussi que ni les lumières brillantes des Romains, ni les arts et les sciences des Chinois, ne les ont préservés du joug des Huns, des Gots et des Tartares. Les mœurs seules sauvent les peuples et maintiennent les empires. Les lumières sans les mœurs, ne sont qu'une clarté sans chaleur et qu'un mouvement sans vie. Les lumières dirigées contre les mœurs, ressemblent à ces phosphores étincelans qui jettent un éclat séducteur, et ne couvrent qu'un amas putride de fange et de corruption.

Les hommes ramenés sans cesse par leur orgueil au sentiment de leur impuissance, ont inventé des machines de toute espèce. Ne pouvant à leur gré, créer des grands hommes dont l'influence les conduisît et la sagesse les dirigeât, ils sont convenus de fournir à quelques-uns d'entr'eux, les moyens de devenir grands. Comme ils ont dans la mécanique suppléé à leur force naturelle par la longueur des leviers, ils ont dans la société suppléé à l'autorité morale indépendante de leur pouvoir, par les distinctions politiques qui sont leur ouvrage. Les princes, les ministres, les magistrats, sont les représentans des grands hommes et souvent grands hommes eux-mêmes, ils remplissent dignement une mission dont ils connoissent l'étendue et la noblesse. Alors la puissance et la bienfaisance s'embrassent, et cette sainte alliance devient la base de la félicité publique.

Le nom de Charlemagne, qui remplit seul l'histoire de cinq siècles, suffiroit pour démontrer l'influence des rois grands hommes sur le genre humain. Alfred élevé dans sa cour, devient le glorieux fondateur de la monarchie anglaise. Il tourne vers la marine et vers le commerce, le génie de la nation, et jete dès-lors, les fondemens de sa grandeur. Il ranime l'agriculture, introduit les arts, appelle les sciences, donne des lois. La justice renaît à sa voix et la sûreté fait le caractère distinctif de son règne. Il reconquiert l'État et y établit une police admirable, qui dans la suite devint le modèle de l'institution des jurés. La plus saine piété et la plus douce vertu embellissent encore ses grandes qualités. Il meurt, et ses dernières paroles sont recueillies avec enthousiasme. Elles se gravent au fond des cœurs et deviennent la charte des droits du peuple: *Un Anglais doit vivre et mourir libre comme sa pensée.*

Les vertus et la valeur d'Etienne donnent un roi à la Hongrie. Il apprend à l'Europe qui l'ignore, à connoître le nom hongrois, et il force à le respecter, les barbares qui le méprisent. Loin d'abuser de son autorité, lui-même il en marque les limites. Il associe les états du royaume à l'exercice de la souveraineté, proscrit l'usage arbitraire de la puissance, et assure à sa famille, par sa modération, l'hérédité d'une couronne essentiellement élective. Les Hongrois révèrent sa mémoire et doivent encore à ses lois qu'ils ont perdues, le patriotisme qui les distingue.

Avec Saint-Louis, dit Montesquieu, *la foi, la justice et la grandeur d'ame montent sur le trône de France.* Son esprit martial et son courage héroïque étoient tempérés par la délicatesse de sa conscience et le désintéressement de ses vues. Il refusa deux royaumes offerts à son frère et à son fils, par respect pour le malheur et pour l'indépendance des couronnes. Il rendit au roi d'Angleterre, malgré les murmures de sa cour, une partie des États confisqués par Philippe Auguste, et consolida par cette mesure équitable, des aggrandissemens que des torrens de sang français auroient seuls pu légitimer. Contre l'avis de son conseil, et sur les traces à demi effacées d'un vieux sceau, il rendit à Mathieu de Brie, le comté de Dammartin. Enfin des commissaires envoyés par ses ordres dans les diverses provinces, réparoient, non seulement les torts faits aux particuliers sous son règne, mais encore restituoient jusqu'aux exactions commises sous celui de son aïeul, et distribuoient aux pauvres ce qui seroit revenu à des familles éteintes. Il affermit la prérogative royale par l'abaissement des grands vassaux qui presque tous avoient conspiré contre sa jeunesse, et mit enfin un terme à ces guerres continuelles qui sans cesse ensanglantoient l'État. Loin que la superstition, comme le prétendent quelques philosophes (1), ait corrompu son entendement et son cœur, et que les pratiques minutieuses d'une dévotion monacale aient rétréci son ame, sa piété éclairée fut la source de toutes ses vertus, le mobile de toutes ses grandes actions et l'ornement de sa vie entière. Il vécut toujours en présence de la majesté d'un Dieu, juge et fin de toutes ses démarches, et soutenu par cette auguste pensée, il déploya cette intrépidité dans l'attaque, cette modération dans la victoire, cette résignation calme et sublime dans la captivité, qui le placent au rang des héros. Guidé par le zèle de la foi, il fit rechercher dans les bibliothèques, les anciens manuscrits, en multiplia les copies et fonda de bonnes études. Fort de son amour pour la religion, il repoussa les usurpations des papes et promulgua courageu-

(1) Gibbon.

sement cette pragmatique sanction qui maintenoit à la fois la liberté de l'église, les droits de l'empire et le dogme catholique dans sa pureté. Enflammé de charité pour ses frères, il fonda des hôpitaux sans nombre et des asyles pour l'innocence et la pauvreté. Ses mains royales soulagèrent les malades et servirent les indigens, et son exemple propagea les vertus chrétiennes parmi les princes et les courtisans, comme ses paroles changeoient les cœurs. Les mariages furent encouragés, les veuves trouvèrent un appui, la noblesse n'eut plus à se plaindre de la fortune. La vieillesse des laboureurs fut assurée contre le besoin. La science et les bonnes mœurs devinrent le seul titre des clercs. L'usure fut proscrite, le commerce encouragé. La France heureuse et paisible vit sa population s'accroître aux dépens de l'Europe entière embrâsée par la discorde. Admirateurs de la sagesse de Louis, les barons anglais l'élurent pour juge entr'eux et leur roi. Les Davesnes et les Dampierre, le comte de Châlons et son fils, le comte d'Anjou et la comtesse de Provence furent réconciliés par ses soins. Immédiatement après son règne, au milieu de la honteuse dissolution des mœurs du temps, un Bertrand de Cominges qui fut le restaurateur de sa villo épiscopale; un Guillaume de Nevers qui nourissoit chaque jour deux mille pauvres; un Geoffroy de Meaux, héros de l'humilité; un Robert Du Puy, martyr de la vigilance pastorale; un Yves de Tréguier, défenseur éloquent des opprimés, illustrèrent un clergé qui peut être regardé comme son ouvrage. Parmi la noblesse, un Eléazar de Sabran, un Guillaume de Porcelets et un Philippe Scalambre (1) distingués par leur vertu, obtinrent le plus éclatant triomphe qui puisse la couronner sur la terre. On vit enfin dans toutes les classes, une multitude d'hommes dont les noms furent peu fameux, mais les vertus exemplaires et dignes d'un si grand modèle. Il appartenoit à celui qui fut le conciliateur de ses voisins et l'arbitre de ses vassaux, d'être aussi le législateur de son

(1) Ces deux derniers furent les seuls Français épargnés dans les fameuses *Vêpres siciliennes;* ils le furent à cause de l'estime et du respect qu'avoit inspiré leur bonne conduite. Scalambre est devenu la tige des barons de Serravalle. La maison de Porcelets s'est éteinte de nos jours. *Voyez* Burigny, Histoire de Sicile, Tome II.

peuple. Une grande révolution s'opéra dans l'administration de la justice : le droit romain fut introduit, le combat judiciaire aboli, une manière de procéder plus naturelle, plus raisonnable, plus conforme à la morale, à la religion, à la paix du royaume, fut établie. Louis ôta le mal, en faisant sentir le meilleur, et, sans prétendre à donner des lois que l'état des choses ne comportoit pas et que le temps seul devoit amener. La jurisprudence se perfectionna de jour en jour, les tribunaux devinrent plus stables, les maximes plus universelles. Bientôt une cour centrale s'éleva, et les établissemens de Saint-Louis furent adoptés par ceux qu'il ne pouvoit contraindre. Ils devinrent la législation universelle des Français, par l'expérience journalière qu'on fit de leur utilité. Inspirer le bien par de bons exemples et abandonner à leurs effets salutaires la réformation lente des opinions, c'est l'ouvrage de cette sagesse désintéressée qui travaille au bonheur des hommes, non pour s'en glorifier, mais pour les en faire jouir.

Partout on a vu des souverains distingués, imprimer à leur peuple une grande impulsion. L'Emir Abou-Youssouf, restaurateur de l'empire des Arabes en Espagne; uniquement occupé du bonheur du peuple, tourmenté d'un tendre amour pour l'humanité, érigea d'utiles académies et fonda de nombreux hospices. Casimir III doué d'un génie extraordinaire au milieu des ténèbres de son temps et de son pays, donna aux Polonois, des lois, des tribunaux, une constitution, fonda ou rétablit leurs cités et protégea si puissamment l'agriculture et ses utiles travaux, qu'il mérita d'associer au surnom de grand, titre trop souvent équivoque, celui de *roi des cultivateurs*. Le grand Akber donna aux Mogols des lois justes et sages, jamais le cri de l'opprimé ne retentit contre lui, et ses soins paternels étendirent leur bienfaisance jusqu'à border les voies publiques d'arbres touffus pour le soulagement du voyageur épuisé. Côme de Médicis que Florence nomma le père de la patrie et que l'Europe entière nomme le père des lettres, voua ses richesses au service du genre humain et fit le bonheur des siens en préparant l'instruction de tous. Soliman le magnifique, législateur révéré des Turcs, assura leur supériorité dans les armes, établit l'ordre dans leurs finances, et une police réglée dans la distribution des terres. Réné d'Anjou, comte de Provence, institua des fêtes nationales, il lia la religion aux mœurs, la chevalerie à la religion et communiqua au caractère de tout un peuple, les nuances de son caractère. Berthold V, duc de Zeringue, ouvrit des asyles contre la tyrannie féodale, fonda des villes libres et posa ainsi les fondemens de la liberté helvétique. Fo-Hi retira les Chinois de leur barbarie, Chin-Nung leur enseigna l'agriculture et le commerce, Hoangti perfectionna les arts et les sciences ; les actions d'Yao sont devenues des maximes de morale, et la piété filiale de Chun est la source de ce respect pour les parens, cause principale du bonheur et de la tranquillité des Chinois. Louis XII, Henri IV, noms sacrés qu'il m'est doux d'ajouter à ces noms illustres, si le surnom d'Auguste nous rappelle aussitôt ce génie audacieux qui délivra la France du joug honteux de l'étranger, le titre plus glorieux encore de pères du peuple, de bienfaiteurs de la patrie ne sauroit désigner que vous !

Toutes les grandes révolutions se sont opérées sous la conduite ou par l'influence de quelques hommes puissans et entreprenans. Guillaume le Conquérant porte le joug des Normands en Angleterre, comme Canut le Grand lui avoit jadis imposé celui des Danois. Maximilien I change la politique de l'Europe; il attaque les privilèges de l'empire, et l'étranger qu'on appelle à leur défense, s'immisce dans son administration. Louis XI élevant en France la puissance royale à son comble, sème en Europe les divisions et les haines, et meurt victime de ses soupçons. Charles-Quint conçoit le projet de la monarchie, ou plutôt de la supériorité universelle, et marche à son but, surmontant les obstacles de toute espèce, et triomphant de toutes les résistances. Philippe II est l'ame de la ligue et le fléau de la France. Ferdinand II sur le point de transformer l'aristocratie germanique en une monarchie absolue, traversé par Richelieu, s'arrête tout-à-coup devant le héros de la Suède. Gustave Adolphe paroît, combat, triomphe, meurt, et l'Europe entière pleure sur son tombeau. Richelieu prétend bouleverser l'Europe comme il a changé la France; il humilie l'Autriche et déchire l'Angleterre. Cromwell sorti de la poussière, et monté sur le trône des Stuarts, couvre des qualités d'un grand roi tous les crimes d'un usurpateur. Un duc de Savoie, laisse une couronne à sa postérité, pour prix de son sang et de ses travaux. Le prince d'Orange balance les destinées de Louis XIV, et le force de compter avec la fortune. Jean Sobieski a le dernier l'honneur de vaincre les Turcs encore redoutables, et sauve la capitale de l'empire. Frédéric crée dans le nord une nouvelle puissance, et donne à la maison d'Autriche une nouvelle rivale. Heyder-Ali sur les ruines de l'empire mogol, élève un empire formidable qui seul a pu contrebalancer la puissance anglaise dans l'Inde. Pierre I, après des siècles d'obscurité et de chaos, tire du néant le plus vaste empire du monde, et Catherine II, termine par sa politique encore plus que par ses armes, les destinées et les malheurs de la Pologne.

Avons-nous dit que Sully, digne ami de Henri le grand, est associé par l'histoire à ses bienfaits comme à ses exploits, qu'il s'occupa le premier de l'économie politique et de la police militaire, et que l'agriculture et l'armée furent créées par ses soins? Avons-nous

nous peint Ximenès, véritable fondateur de la monarchie espagnole, donnant un centre d'unité à des provinces naguères rivales, et renforçant l'autorité royale en assurant la liberté publique ? l'infant Dom Henri de Portugal encourageant les découvertes, protégeant les sciences, étendant ses vues bienfaisantes sur les hommes de tous les climats ? Enfin l'illustre Oxenstiern, ame des conseils de Gustave Adolphe, faire bénir par sa sagesse, un règne que les exploits de ce grand prince avoient immortalisé ?

L'influence des grands hommes agit donc dans tous les sens, sur la masse du genre humain. Leur moralité, leurs lumières, leur puissance, leurs crimes même, donnent à tout ce qui les entoure et de proche en proche, une commotion plus ou moins salutaire. Semblables à ces rochers énormes que les fureurs d'un volcan font voler en éclats, et qui, s'engloutissant pour toujours dans le sein d'une eau dormante, troublent subitement le calme de ses flots ; d'abord l'onde qu'ils ont fendue, jaillit avec impétuosité, et bientôt des vagues circulaires et sans cesse renaissantes, portent jusqu'aux bords les plus éloignés la nouvelle de leur chute, et le mouvement qu'ils ont imprimé.

Que l'historien saisisse ce grand point de vue, et qu'on ne reproche pas à l'histoire d'exagérer le mérite de ses héros par le développement qu'elle donne à leur caractère. Ses expressions auroient-elles jamais le pouvoir magique de peindre cette complication de sentimens, cette multiplicité de vues, que renferme l'unité d'une grande action, d'un élan sublime, si elles ne représentoient comme successives, les opérations simultanées de la nature? C'est par instinct que le génie choisit le grand, le bon et le beau; et, sans démêler d'avance tous les rapports qu'il saisit, tous les sentimens qui l'agitent. Homère chantant pour la première fois, dans un saint transport, les vers inspirés de l'Iliade, ne songeoit point aux règles de l'épopée; il les créoit néanmoins. Ce qui lui sembloit convenable, étoit le convenable par excellence; et les règles de l'art épique ont été plutôt mises en œuvre que promulguées. Que l'historien nous associe à la supériorité des grandes ames, qu'il nous introduise dans ce sanctuaire voilé où des éclairs de la majesté divine, manifestent subitement au génie le parti qu'il doit prendre et la route qu'il doit tenir; qu'il nous peigne, en un mot, le sublime de l'humanité, les grands hommes baignés des pleurs du sentiment, mais inébranlables dans leurs résolutions, accomplissant à la fois leurs devoirs et leurs destinées. Qu'il suive leur trace morale ou politique et qu'il nous dise, à l'aspect de ce sillon lumineux qui indique leur passage : il naquit un homme, et telle vertu devint populaire : il naquit un homme, et le bonheur de vingt générations commença : il naquit un homme et un vaste empire fut préservé de l'incursion des barbares : il naquit un homme enfin, et des multitudes d'hommes apprirent à servir le vrai Dieu.

C'est une erreur dangereuse de transporter à d'autres temps et à d'autres lieux, les maximes d'un autre pays ou d'un autre siècle. C'est une erreur non moins dangereuse, de transformer sans examen, en règles absolues de conduite, les actions des grands hommes dont nous admirons les vertus. Il seroit funeste surtout d'abstraire de leur vie entière, un systême général de philosophie pratique, applicable à toutes les époques et dans tous les cas. La nature, qui n'est partout qu'un vaste assemblage de ressemblances et de rapports, ne nous offre des parités nulle part. Chacun est soi et non pas un autre. Tout événement, toute conjoncture, a des caractères qui lui sont propres, et se lie sans se confondre à ce qui précède et à ce qui suit. L'historien philosophe qui, pour l'instruction de ceux qui vivent, évoque ceux qui ne sont plus, saisit avec sagacité, en quoi les choses et les personnes diffèrent, en quoi elles se ressemblent. C'est ainsi qu'il démêlera quels sont les vices, les erreurs, les vertus, ou les grandes pensées qu'un grand homme tient de son siècle ou qu'il trouve en lui-même.

Quiconque méditera attentivement l'histoire des nations, se convaincra par le triste spectacle des malheurs du genre humain, que les systêmes absolus et l'expérience du passé mal appliquée, sont devenus pour les peuples, une source intarissable de fléaux et de calamités. Les jours qui ont fui ne reviennent plus, et les lois générales et uniformes de la nature ramenent sans cesse à nos yeux des phénomènes toujours semblables et toujours divers. Le genre humain, comme Protée, échapant à tous les liens, survit à toutes les formes, et son activité morale se déploie dans tous les climats et sous tous les gouvernemens.

Le mal est que l'on a considéré l'histoire d'une manière trop littérale ou sous un point de vue abstrait et systématique. Les uns transforment chaque exemple ou chaque fait particulier en une loi générale, les autres se font un système général auquel ils veulent ramener impérieusement tous les faits et tous les exemples.

En signalant à l'historien ces deux écueils principaux, traçons-lui la route qu'il doit suivre, pour faire rentrer l'histoire dans le sein de la morale, dont elle n'est que la partie expérimentale et qu'il n'en faut jamais séparer.

Veut-on que l'exemple des grands hommes soit utile ? qu'on se pénètre de l'esprit qui les anima. Il ne suffit point, pour marcher sur les traces d'Aristide, d'écrire soi-même son nom sur la coquille fatale ; il faut être juste comme lui. C'est sa vertu toute entière qu'il faut imiter. Il faut connoître dans quelle situation il fut placé, et quels furent les principaux mobiles qui, enflammant et soutenant sa vertu, l'élevèrent au-dessus de son siècle.

La vie d'un grand homme est un appel à notre conscience, à l'énergie de notre volonté. Qu'il soit Grec, Romain, ou barbare, il est homme, et tous les hommes ses semblables par la nature, peuvent devenir ses pareils par la vertu. Les temps et les lieux sont changés, mais le cœur humain est le même. Si Guatimozin, comme Codrus, ne put se dévouer pour son peuple, il sut souffrir avec patience et mourir avec dignité.

Ne confondons point ce qui tient aux localités, à l'opinion, à la coutume, avec ce qui constitue la moralité même des hommes et des choses. Chaque peuple tient du génie de ses premiers fondateurs et du climat qu'il habite, un esprit général qui règle la marche de ses idées, de son goût et de ses mœurs. Les sociétés naissantes, diversement modifiées par la variété de leurs besoins et de leurs ressources, varient dans leurs arts et dans leurs habitudes. Le desir de conserver forme les unes, le desir d'acquérir forme les autres. Les premiers principes de morale qui les régissent, sont appropriés à leurs mœurs. L'influence des grands hommes commence avec le genre humain; mais, comme ces monumens majestueux, vainqueurs du temps et de ses outrages, et témoins irréprochables de l'état florissant de l'humanité dans l'antiquité la plus reculée, ils portent l'empreinte du goût et des mœurs de leurs contemporains. Ce n'est effectivement que dans son siècle que l'on existe et que l'on vit. La puissance de l'éducation, la force de l'exemple, je dirai même la fatalité de l'imitation, se réunissent pour donner à l'ame naissante, une forme locale qui détermine son élan sans gêner son activité. Au milieu de l'anarchie despotique qui ouvre en Asie, le chemin du trône à tous les audacieux, on eût vu Maurice de Saxe être un autre Thamas-Kouli-Kan, et Thamas-Kouli-Kan, au sein de nos sociétés paisibles, se fût contenté de défendre glorieusement le trône qu'il usurpa. Bayard à Rome, se seroit montré l'ardent ennemi des rois; et Caton dans une monarchie se fût enseveli sous les débris du trône. Les devoirs ne sont pas les mêmes dans toutes les positions; mais, dans toutes les positions, la fidélité à remplir ses devoirs est inséparable de la vertu. C'est pourquoi l'étude de l'histoire offre des leçons utiles à toutes les conditions.

L'emploi des talens varie comme les modifications diverses de la société. Tel saisit les crayons de Raphaël, dans Rome moderne, qui jadis eût fait retentir le *Forum* de son éloquente voix. Mais Socrate, Confucius et Vincent de Paule eussent partout servi de modèle aux hommes. Si l'on retrouve dans leurs idées et dans leur langage, la teinte des opinions de leur temps et de leur pays, leurs actions et leur conduite n'ont été déterminées que par les saintes inspirations de ce sentiment moral qui est l'ame universelle du genre humain.

C'est sur-tout l'homme de génie qui est inséparable de son siècle ; car c'est par son siècle et pour son siècle qu'il opère de grandes choses. Ce qui le distingue éminemment, c'est qu'il saisit d'un coup d'œil l'état des esprits ; c'est qu'il développe jusqu'aux moindres germes ; c'est qu'il réduit en corps les connoissances dispersées, qu'il en tire des conséquences fécondes, et que, de ces rayons épars il forme un nouveau foyer de lumières. Les matériaux se meuvent à sa voix, se disposent avec ordre, et sont recréés, en quelque sorte, par la main qui les emploie. C'est ainsi qu'Aristote chez les anciens, recueillant tout ce que le période le plus brillant pour l'esprit humain lui fournissoit de richesses, jeta dans des ouvrages prodigieux, les fondemens d'une domination de vingt siècles. C'est ainsi que Newton, dans une époque essentiellement consacrée aux sciences exactes et expérimentales, donna un corps aux spéculations des physiciens, et un nouvel esprit à la physique même. C'est ainsi que Saint Louis, mettant à profit chaque conjoncture pour l'affermissement de l'autorité royale, et hâtant la chute des institutions barbares, anarchiques et immorales qu'avoient produit les idées chevaleresques portées à l'excès, forma, du mélange des lois saliques, des lois romaines, et de quelques lois nouvelles, la législation qui a gouverné la France jusqu'à présent! C'est ainsi que Gustave Wasa, s'armant des rébellions du clergé pour le détruire, des nouveautés religieuses pour assurer sa puissance, et des passions du peuple entier pour perpétuer son autorité, fixa désormais le sort de la Suède. C'est ainsi que tous les législateurs habiles, rassemblant les leçons de l'expérience pour les réduire en un code, ont tracé dans les monumens de leur sagesse, l'histoire des progrès de l'intelligence humaine, et donné, pour ainsi dire, l'inventaire exact de ses trésors.

Rien ne démontre plus évidemment l'influence, ou la tyrannie de l'esprit général du temps sur les esprits et sur les actions, que les efforts impuissans de ces hommes hardis et singuliers, qui s'élevant au-dessus de toutes les opinions reçues, parlent une langue étrangère à leur siècle. Toujours une passion favorite domine la multitude. Elle rapporte tout à cette passion, ou l'applique à tout sans discernement; et un déluge d'idées nouvelles, fausses ou disparates se répandent dans la société. Un nouveau langage s'établit, une nouvelle manière de raisonner, même des métaphores inusitées, s'introduisent parmi les hommes; enfin tous les signes représentatifs des pensées, ou des sentimens, sont frappés à un nouveau coin, symbole d'une domination nouvelle. C'est alors inutilement que quelques hommes extraordinaires luttent contre le torrent; leurs efforts sont infructueux. Les sages discutent en vain, et la multitude décide. Ce n'est point en heurtant de front les préjugés, que l'on peut espérer de les abattre. C'est en les minant sourdement. Il doit y avoir quelque chose de commun entre les hommes qui veulent instruire et les hommes qui doivent être instruits. Prouver que l'on combat l'erreur, ce n'est point encore établir que l'on défend la vérité. C'est détruire sans édifier. Il faut persuader pour être utile, et pour persuader, il faut fléchir. La persuasion comble l'intervalle qui sépare les opinions. Son empire est le plus doux de tous les empires; car il laisse aux hommes le sentiment de leur indépendance. La vérité est venue à eux plutôt qu'ils ne sont allés vers elle. Ils ne savent s'ils l'ont jadis repoussée, mais ils sont glorieux de la reconnoître maintenant. Moins on leur montre de chemin à faire, plus ils s'avancent rapidement. Le grand art de persuader, consiste donc à faire concourir les passions et les opinions des hommes, au changement qu'on veut opérer en eux. Il consiste à leur faire trouver la vérité desirable, beaucoup plus qu'à la leur rendre évidente. Sans l'art de persuader, c'est-à-dire, sans quelque condescendance apparente aux opinions, aux préjugés, et surtout aux expressions reçues de leur temps, il n'y a point d'influence possible pour les grands hommes. Scipion tombe, en sautant de son vaisseau sur le rivage d'Afrique, ce funeste présage remplit d'effroi les intrépides Romains ; leur général se relève, et prenant de la terre dans ses mains, il s'écrie : *Je te tiens, ô terre d'Afrique ;* aussitôt le courage des soldats renaît à sa voix. Qu'il eût, au lieu de ces paroles inspirées, démontré la vanité des augures, et l'expédition étoit manquée. Hippocrate et Démocrite cherchèrent à établir sur l'observation et l'expérience, une philosophie flottante entre l'enthousiasme de la poésie et les abstractions de la métaphysique. Archimède appliqua à la mécanique, son admirable géométrie. Ramus attaqua avec hardiesse, l'autorité d'Aristote, et souleva contre lui toutes les autorités. Bacon tenta de reprendre par la base, l'édifice des sciences, surchargé d'erreurs et de faussetés. Galilée osa dire ce qu'il étoit défendu de penser. Ni les uns, ni les autres ne purent rien contre l'empire universel de l'esprit du temps. L'opinion publique est une puissance qu'il faut apprendre à diriger, mais qu'il est inutile de combattre et de braver ; car, trop vaine pour repousser ses ennemis, elle se contente de les mépriser.

Ce fut sans effet pour le bien général de l'humanité, que le vertueux Las-Casas fit retentir l'Espagne pendant dix-huit ans, des gémissemens douloureux des habitans du Nouveau-Monde. On l'a vu, retournant de ces bords désolés, demander à grands cris justice au conseil de Valladolid, peindre l'acharnement des bourreaux, la timidité des victimes, la pudeur, la nature et la religion également outragées; en vain faisoit-il entendre la voix tonnante d'un Dieu de justice et d'amour que des passions sacriléges osoient rendre complice de leurs crimes; en vain prouvoit-il à des inhumains que le saint évangile dont ils se disoient les apôtres, contenoit l'arrêt formidable de leur propre condamnation; l'intérêt et l'esprit du temps, transformèrent la violation de toutes les lois naturelles, divines et humaines en un problême théologique. Un docteur de Cordoue, Jean Ginés de Sepulveda, dont l'histoire atteste la bonne foi, osa justifier au nom de la religion et du droit public, les infames traitemens exercés sur les Indiens. On usoit du droit de la guerre, disoit-il, et, tel est le sort des esclaves, d'être soumis sans recours et sans réserve aux volontés de leur maître. Comme si la guerre abrogeoit la morale, et l'esclavage, l'humanité! Las-Casas et l'évêque de Ségovie s'opposèrent à l'impression du livre de Sepulveda. Les théologiens d'Alcala et de Salamanque furent assemblés. Ils se livrèrent à de longs débats; le sang couloit en Amérique, et l'on disputoit en Espagne. Enfin l'esprit du christianisme l'emporta, et la doctrine de Sepulveda fut désapprouvée. Sepulveda recourut à Rome pour y faire imprimer son livre. Charles-Quint qui laissoit faire les bourreaux, intervint parmi les controversistes. On établit en Espagne une dispute publique, entre Las-Casas, l'évêque de Ségovie et Sepulveda. Les plus célèbres théologiens y assistèrent; et après avoir donné à l'univers le scandale d'une pareille controverse, au pied des autels du dieu de paix et du rédempteur des hommes, Sepulveda fut désapprouvé de nouveau, et le zèle ardent, la tendre charité de Las-Casas, n'obtinrent pour ses malheureux cliens que deux décisions théologiques sans force et sans effets. Il se retira dans la solitude, et n'attendant plus aucun secours de la terre, répandit en silence l'amertume de ses larmes, au pied du trône de l'Éternel.

Ceux qui ne cessent de confondre les institutions considérées en elles-mêmes et dans l'objet essentiel de leur établissement, avec l'esprit du temps qui n'est souvent que l'abus de ces institutions, ont attribué aux idées religieuses tout ce que de pareils exemples avoient d'odieux. Superstition, ignorance, fanatisme et religion sont devenus synonymes. Comme cette manière d'envisager l'histoire auroit le pernicieux effet d'attribuer à l'influence des hommes et des choses, ce qui n'est la suite que de l'esprit général du temps dont l'influence n'est pas moins puissante, attachons-nous à en démontrer la fausseté. Des hommes de mauvaise foi ont vu dans ces siècles de ténèbres où des scènes interminables de carnage et de destruction, glaçoient d'horreur toutes les ames, le fanatisme se répandre avec la férocité. Ils l'ont regardé comme la suite du christianisme renaissant parmi les barbares. Ils n'ont pas considéré que ce furent les barbares qui vinrent troubler et conquérir les chrétiens, les réduire en esclavage, éteindre leurs lumières et ramener en Europe les suites funestes d'une ignorance profonde. Ils n'ont pas considéré que tant que le sacerdoce au milieu des usurpations des vainqueurs, demeura entre les mains des vaincus, une piété éclairée prévint les abus dont ils se plaignent, et qu'aussi long-temps que le clergé fut composé des anciens sujets de Rome, l'église n'eut point à rougir de ses ministres. Ils ne se souviennent plus qu'Ambroise rompit ouvertement avec quelques évêques des Gaules, qui appeloient la mort sur la tête des hérétiques, et que les idées grossières et les mœurs plus rudes de leur pays entraînoient. Ils ne se souviennent plus que ce sont des payens qui ont pour la première fois appelé les supplices au secours des autels menacés, que si la persécution ravagea l'Afrique, ce furent les Vandales qui l'y portèrent, enfin que ce furent les Goths et les Lombards; qui introduisirent sur le beau sol de l'Italie et de l'Espagne la sanglante intolérance. Ils oublient que ce fut pour avoir, comme ils le font mal à propos, cité des exemples qui ne prouvoient rien, que les docteurs du moyen âge allumèrent le feu dévorant des guerres de religion; que c'est en s'autorisant des rigueurs

exercées

exercées par les Dioclétien, les Julien, les Décius, que les princes chrétiens se sont arrogé le droit de tyranniser les consciences, si le christianisme enfin, n'a pas subitement guéri les hommes ni de leur inconséquence, ni de leur cruauté, on ne peut l'accuser de les avoir rendus inconséquens et barbares. Long-temps avant la naissance du christianisme, Régulus fut-il le martyr de ses dieux ou de sa patrie? Suivez la trace de tous les conquérans; lisez l'histoire des peuples demi-civilisés. Les Romains massacrés en Asie par ordre de Mithridate, furent-ils sacrifiés à l'esprit de prosélytisme? Les Francs furent-ils plus cruels après Clovis? Attila, Tamerlan, Gengis-Kan, combattoient-ils pour la religion? Quand leurs vassaux n'étoient point hérétiques, les rois vivoient-ils en paix avec leurs vassaux? Étoit-il croisé ce duc de Bourgogne qui remplit Paris de sang et de meurtre? Ces Français, massacrés par les Anglais après la bataille d'Azincourt, étoient-ils des infidèles? Les chevaliers teutoniques ont-ils plus ensanglanté l'Allemagne que les querelles ambitieuses des Saxons et des Bavarois? Les guerres de la Jacquerie, de la Rose-Blanche et de la Rose-Rouge, des Guelphes et des Gibelins étoient-elles causées par des opinions religieuses? Si quelquefois les querelles politiques dégénérèrent en querelles de religion, presque toujours les querelles de religion ne furent que des querelles politiques. Le moyen âge étoit fanatique, parce qu'il étoit fécond en guerriers violens et ambitieux qui ne savoient que la religion et la savoient mal, et qui portoient sans cesse la guerre dans la religion, et la religion dans la guerre. C'est que dans le moyen âge, un certain esprit religieux se mêloit aux passions, aux vices même, comme nous y mêlons un certain esprit philosophique. Au milieu de ces mœurs barbares qui corrompoient la religion même, la religion et ses ministres se sont constamment occupés de l'amélioration des mœurs. Ils ont publié des trêves forcées au nom de la divinité; ils se sont déclarés contre les épreuves judiciaires; Ils sont intervenus pour protéger les Juifs opprimés; l'esclavage s'est aboli à leur voix; le mariage est devenu mieux réglé; le peuple a été mieux instruit. Enfin la société a été gouvernée par des maximes plus douces et plus sociables.

Si le moyen âge étoit superstitieux, c'est qu'il fut précédé par des temps d'ignorance absolue, où l'on ne connoissoit d'autres rapports de la cause à l'effet, que la simultanéité ou la co-existence. Un météore, un événement politique frappe-t-il l'attention dans le même instant ? Chez les hommes grossiers, la plus obscure de ces deux choses considérée comme la plus sublime, devient la cause de l'autre. L'esprit étonné de l'intervalle immense qui les sépare, et des liens secrets qui les unissent, est frappé soudainement d'une terreur religieuse. Les demi-lumières sont sujètes à ne jeter que de faux jours sur tous les objets. L'ignorant exige de la science, l'explication de tout ce qu'il voit, et les causes occultes qui surprennent l'esprit en émouvant le cœur, triomphent d'une raison mal éclairée. Dailleurs dans les temps de crises et de tempêtes politiques, on est prêt à saisir tout ce qui ranime l'espérance, tout ce qui donne une empreinte extraordinaire aux malheurs que l'on subit. On recueille les prédictions de l'avenir, parce que le présent est insupportable ; on croit facilement aux prodiges, parce qu'on n'espère plus son salut des moyens humains ; on aime à regarder les calamités présentes comme essentielles dans l'ordre des décrets de Dieu, parce qu'alors la main qui frappe est celle qui soutient, qui protège et qui venge. Et comment au milieu des horreurs de l'anarchie et de la tyrannie les plus sanguinaires, l'imagination des hommes ne se seroit-t-elle point enflammée ? Mais cette exaltation même avoit ses bons effets. Les asyles pour l'innocence et pour la foiblesse se multiplioient ; chaque pratique dont la religion fut surchargée, chacun des abus qui lui devinrent funestes par la suite, fut dans sa naissance, une digue opposée à la violence et à l'injustice. Le malfaiteur, avant de commettre un crime, entendoit une voix plus qu'humaine retentir autour de lui et l'arrêter au bord du précipice. L'avoit-il commis, des spectres sanglans, des fantômes échevelés troubloient le repos de ses nuits, le poursuivoient durant sa vie entière, et s'attachoient à son existence, pour la tourmenter sans relâche. Mais la superstition des temps ne fut point propre à la religion. La théurgie et la cabale, les sortilèges et l'astrologie ne devinrent-ils pas le partage de la science ? ne furent-ils pas principalement cultivés par les incrédules? Ne les vit-on pas sur les traces de Julien, se traîner au fond des antres secrets, pour y contraindre les génies à dévoiler l'avenir à force de sacrifices et d'évocations magiques? Ne les vit-on pas s'égarer avec les Juifs, dans les calculs incalculables de l'art cabalistique, et prétendre commander au destin par des amulètes, des talismans et des caractères mystérieux? Ne les vit-on pas invoquer les démons avec Agrippa, faire le dénombrement des puissances diaboliques, et croire les enchaîner par des paroles fatales, des cercles et des figures? Ne les vit-on pas rendre raison de tout avec Cardan, par la situation diverse des astres, et soumettre les intelligences célestes aux mouvemens des cieux matériels? Faudra-t-il accuser Platon, l'algèbre ou l'astronomie, des excès commis par des hommes qui n'entendoient pas Platon, qui ne savoient pas l'algèbre, ou qui corrompoient l'astronomie?

Le moyen âge fut ignorant. Mais qui conserva le dépôt des connoissances antiques? qui préserva d'un oubli total les langues de la Grèce et de Rome au milieu du mélange confus de tous les dialectes du nord? Ce furent les ecclésiastiques ; ils maintinrent l'histoire et la chronologie ; ils formèrent des bibliothèques. Tandis que les laïques du plus haut rang étoient plongés dans la plus stupide ignorance, tandis que le peuple languissoit dans une sorte d'abrutissement, le clergé ne cessa de produire de beaux génies et des savans qui auroient illustré tous les âges. Tels furent le vénérable Bède, Gerbert, saint Bernard, Jean de Salisburi, Abailard, Roger Bacon, Æneas Silvius. Il ne falloit chercher alors les talens, les vertus, les connoissances que parmi les clercs ; ils étoient presque les seuls dont l'esprit reçût quelque culture, car ils remplissoient l'unique profession qui nécessitât des études. Ils étoient les seuls dont la manière de vivre favorisât une réflexion calme et continue, et habituât à un certain ordre ; et c'étoit l'esprit de la religion qui commandoit cette réflexion et cet ordre salutaire. La théologie enfin reposoit principalement sur des monumens grecs ou latins. L'intérêt de la religion forçoit ses ministres à s'instruire de tout ce qui regarde l'intérêt des hommes. Cette religion que l'on prétend exclusive des vertus publiques, produisit Alfred et saint Louis, Thomas Morus et l'abbé Suger, le cardinal d'Amboise et Ximenès, Pedro de la Gasca et Julien Cesarini. Cette religion intolérante fut celle de Las Casas, d'Ambroise et de Fénélon. Elle demanda, des bords du Congo, par l'organe du capucin Joseph, l'abolition de la traite des Nègres. Elle la sollicite dans le parlement d'Angleterre, par la voix de ses ministres, et des politiques, des philosophes la défendent. Cette religion qui ne s'est, dit-on, propagée qu'au sein de l'ignorance, dans les temps les plus épurés de la philosophie payenne, lui enleva les hommes les plus distingués ; je parle du siècle des Antonins et d'Alexandre Sévère, et je nomme les Athenagore, les Justin, les Minutius Felix. Ne confondons point les époques : la religion est pour tous les temps, aussi fut-elle utile dans tous ; mais elle est entre les mains des hommes, et les hommes abusent de tout.

L'injure qu'on a faite à la religion, la liberté la partage. Comme si les maladies étoient les symptômes de la santé, on s'est obstiné à ne reconnoître la liberté qu'à ses convulsions violentes qui la mettent en péril. L'exemple et les vertus de quelques grands hommes ont séduit; mais il est des exemples inimitables. Un cœur héroïque, rempli d'une vertu sublime, qui redoute de s'arrêter en-deçà des bornes du devoir, les franchit quelquefois dans ses élans généreux. Cet excès, produit par l'exaltation d'une grande ame, seroit un crime pour l'imitateur servile. Brutus condamnant ses fils, lorsque la loi ne l'obligeoit pas à être leur juge, n'est qu'un père dénaturé; mais cet homme qui craint, en laissant tomber de ses mains le glaive des lois, que la vengeance de l'État ne soit trahie; cet homme qui immole les plus vifs sentimens de la nature à l'intérêt de son pays, qui verse son sang à grands flots, et détruit en un instant ses plus douces espérances, pour préserver la vie et le bonheur de ses concitoyens; cet homme a tracé la ligne fatale que l'amour de la patrie et le désintéressement humain ne franchiront jamais. Je frémis, j'admire et me tais. Mais que l'on ose avancer que tel est le devoir d'un citoyen, je recule d'horreur et je dis : Non, tels ne sont point les droits de la patrie; la patrie est l'ouvrage de l'homme, les sentimens de la nature sont l'ouvrage de Dieu. O vous qui prétendez transformer tous les citoyens en héros ! craignez de n'en faire que des monstres. Malheur à celui qui entendant le récit d'une action magnanime, ose froidement se promettre d'en faire autant ; car il ne connoît ni son cœur, ni la sublimité de la vertu. Rome même, qui devoit son salut à Brutus, Rome qui le nomma son libérateur, ne consacra point son exemple. La loi romaine défendoit en justice de demander le témoignage du père contre son fils. Un romain convaincu d'un crime capital, fut condamné à mourir de faim, sa fille s'introduisit dans sa prison, le nourrit de son lait, et obtint par cet acte touchant de piété filiale, la grace de ce fortuné coupable. C'étoit en propageant les vertus domestiques, que Rome propageoit le patriotisme. Ce n'étoit pas le plus utile qui étoit le plus estimable à ses yeux, c'étoit le plus vertueux. Elle comptoit pour rien les services qu'on lui rendoit, s'ils l'étoient aux dépens de la vertu. J'en appelle à vous, Fabricius et Camille, ombres illustres qui refusâtes des moyens faciles de vaincre sans combattre, et qui préférâtes à la victoire l'honneur et la probité ! On semble croire que ces vertus antiques tiennent à quelques paroles sacrées. C'est la forme du gouvernement, dit-on, qui détermine le caractère des peuples. Mais Carthage ne fut-elle pas comme Rome républicaine et libre ? Retrouve-t-on chez elle cette religion du serment, cette frugalité, cette simplicité de mœurs ? Rome ne compta-t-elle point de grands citoyens sous ses rois, et parmi ses rois même ? Les Horaces combattirent-ils sous les consuls ? Brutus et Publicola furent-ils les élèves de la république ou ses fondateurs ? Athènes ne fut-elle pas vendue par ses orateurs, et Sparte protégée par ses rois ? Ne fut-il pas roi ce Codrus qui se dévoua pour son peuple ? Non, ce n'est point la forme du gouvernement, c'est l'esprit invisible qui l'animoit qu'il faut ramener parmi nous. C'est en vain qu'on dresse pompeusement l'autel du sacrifice, c'est la disposition du cœur, et non le sang de la victime, qui fait descendre le feu du ciel. Il faut d'autres formes pour d'autres hommes et un nouvel esprit. La grandeur et la prospérité des nations s'écroulent avec fracas, et des générations entières traversent le goufre effrayant du chaos. Elles marchent sur des débris, sur des ruines de toute espèce, et ce passage inévitable les conduit à une nouvelle vie. C'est ainsi que l'Europe renaissante après Charlemagne, et voyant s'écouler peu-à-peu les flots des barbares qui l'avoient inondée, prit, comme la terre, après le déluge, une face nouvelle. De nouvelles formes modifièrent l'humanité, et ses facultés les plus nobles prirent un autre essor. Les vertus chevaleresques succédèrent aux vertus patriotiques. On mit à tout plus de délicatesse et de sensibilité ; et une multitude d'intérêts, d'affections, de nuances inconnues aux anciens, compliquèrent encore les ressorts déjà si compliqués de la société. Nous sommes placés sur le déclin de ce période : soutenons ce qui s'écroule, dirigeons ce qui s'élève ; mais n'ayons ni la prétention de détruire, ni celle d'édifier ; gardons-nous sur-tout de penser à établir des institutions qui contredisent nos mœurs, nos opinions, nos préjugés. L'univers ancien diffère trop de l'univers moderne ; l'esclavage aboli, le nouveau monde découvert, des religions nouvelles établies, le commerce florissant, la navigation perfectionnée, l'art de la guerre renouvelé, l'étendue des empires, l'imprimerie, la facilité des communications, sont autant d'obstacles au retour des idées anciennes, autant de causes qui concourent à créer un nouvel esprit et des formes nouvelles. C'est en nous ressemblant à nous-mêmes que nous ressemblerons aux anciens. Émulons dans leur zèle un Timoléon, un Pélopidas, un Trasybule, mais ne nous astreignons pas à une servile imitation.

On rabaisse trop les modernes quand on les compare aux grands hommes de l'antiquité, et c'est la faute de nos historiens. Ils rejettent les détails, ceux-là précisément qui peignent les hommes, comme indignes de la majesté prétendue de l'histoire. Comme si la vérité étoit jamais au-dessous de l'homme, et que la postérité ne dût connoître que l'apparence officielle et publique des événemens! Je ne sais quelle bienséance minutieuse retient leur plume, mais ils ne nous montrent que des scènes d'appareil et de représentation, et une insipide étiquète décolore tous leurs récits. Ce sont les petites choses, les mots fugitifs, les actions indélibérées qui peignent les grands caractères.

Le fauteuil élevé de Sully me retrace son amour de l'ordre et l'austérité de ses mœurs. Bayard mourant veut encore faire face à l'ennemi, et confesse ses péchés à son valet de pied ; je reconnois à ces traits le chevalier sans peur et sans reproche. Charles XII continue sa lettre malgré la bombe et l'effroi de son secrétaire, et cette intrépidité obstinée, le peint mieux que ses conquêtes. Philippe II en désordre, frappe hors de lui-même à la porte de l'infante sa fille en lui criant : *Anvers est à nous*. Je saisis dans cet élan spontané de son ame, le secret de sa profonde dissimulation, lorsqu'il parut apprendre, sans trouble, la destruction de l'invincible armée. Louis XI demandant à sa petite sainte vierge de plomb, la permission de commettre encore un crime, trahit à la fois ses penchans, ses remords et sa superstition. Dans Louis XIV, apprenant la dévastation du Palatinat, exécutée malgré ses ordres, et poursuivant Louvois ses pincettes à la main, j'aime à voir la colère se transformer en passion bienveillante. La douce réprimande de Turenne à son valet, me dévoile toute la sérénité de sa vertu. La profonde mélancolie de Maurice de Saxe, la veille de la bataille de Raucoux, exprime le saisissement d'une ame généreuse que l'amour de la gloire ne rend point étrangère au sentiment de l'humanité. Ce sont ces détails caractéristiques qu'il faut saisir. C'est ainsi que Plutarque et Joinville peignoient, et leur ingénue naïveté sera toujours préférée à cette dignité d'apprêt qui ne nous montrant les hommes que sous leur costume public, nous présente l'abstraction d'un roi, d'un prince, d'un général, dont on pourroit échanger les noms sans faire souffrir la vraisemblance.

Nous venons de voir quelle a été, sous plus d'un rapport, la puissante influence de l'esprit du temps; examinons maintenant de quels élémens se compose ce génie de chaque siècle qui influe si puissamment sur les destinées des grands hommes.

L'histoire commence avec la société, et la société commence avec l'homme. C'est dans la société que l'homme entier se développe. Au milieu des occupations serviles qui absorbent la plus grande partie du genre humain, que deviendroit la perfectibilité qui est le caractère particulier de notre espèce, si les travaux et les progrès de quelques-uns n'étoient reversibles sur la multitude? C'est ici que remonte cette inégalité des conditions, source de l'harmonie sociale, et l'unique moyen de la civilisation humaine; inégalité fondée à la fois sur les plus nobles prérogatives, et les plus touchantes affections de l'humanité : le génie et la bienfaisance.

Outre le caractère des premiers fondateurs, outre les circonstances qui déterminent le but de l'association, il faut remonter aux traces profondes que laissent dans les ames, le souvenir du passé, et les aspects divers de la nature, pour bien connoître cet esprit général qui règle la marche des idées, détermine les formes du goût, et se manifeste principalement dans les manières et les mœurs d'un peuple. Le passé doit sans cesse influer sur le présent. Ce sont les vieillards qui forment la jeunesse. Les impressions de l'enfance s'oublient peu; et les images, les récits qui entourent notre berceau, déterminent d'avance les inclinations de nos cœurs. La beauté du ciel, la pureté de l'air, la coupe du pays, le voisinage de la mer, diversifient les goûts, et nuancent la sensibilité.

C'est ainsi que les premiers habitans de l'Égypte et du pays de Sennaar, frappés par le souvenir encore récent des grandes catastrophes de la nature, et rappelés par les phénomènes qui les entouroient, à la grande pensée d'une puissance invisible qui gouvernoit l'univers entier, s'abandonnèrent sans réserve à l'instinct religieux et consacrèrent un sacerdoce permanent et héréditaire au maintien du culte divin. Dans un pays uni et sous un ciel sans nuage, l'éclat radieux des astres, devoit attirer leurs regards, lorsque la nuit ramenoit la fraîcheur sur leurs campagnes brûlantes. Agriculteurs et pasteurs, les premières connoissances astronomiques s'associèrent à leurs travaux. Bientôt, comme dit Platon, le soleil et la lune leur apprirent la science des nombres, et la supputation des jours devint la base du calcul. Le Nil par ses débordemens annuels força les propriétaires de créer la géométrie. L'astronomie en élevant les ames par la contemplation de l'immensité, renforça ce penchant pour le merveilleux que le dogme d'une divinité cachée faisoit naître. La géométrie lui prêta ses figures symboliques, l'arithmétique, ses combinaisons multipliées.

pliées. De cet ensemble, il résulta un esprit d'ordre, de méthode et de gravité, un esprit contemplatif et ardent qui rattachoit les effets aux causes par des rapports secrets, et supposoit en tout un sens mystique et figuré, dont la découverte étoit le but et la récompense de la science et de la sagesse. De-là ces profonds mystères des prêtres de Memphis et de Thèbes. De-là cette classification exacte des hommes et des biens, cette vie régulière des rois; enfin la pompe de tant de cérémonies, qui consacroient chaque époque remarquable. Une certaine tournure énigmatique domina dans les sciences. On vit beaucoup d'initiés, mais peu de savans. Les sciences exactes se conservèrent, parce qu'elles ne sont pour la plupart, qu'une série de vérités figurées; les autres perdues pour la postérité, demeurèrent ensevelies sous les voiles obscurs qui les déroboient aux yeux des profanes. Les arts gagnèrent en élévation, ce qui leur manquoit en correction et en grace. On retrouva dans leur style, cette imagination colossale et mystique qui dominoit tout, ils présentèrent la réunion d'idées éloignées ou disparates. Les temples, les palais, les édifices, furent gigantesques ; on vit s'élever des obélisques audacieux et des pyramides énormes ; des souterrains immenses furent creusés ; des labyrinthes tortueux furent construits. On ne vit qu'ornemens bizarres, hyéroglyphes singuliers, figures allégoriques. Des jardins furent suspendus au milieu des airs ; des fleuves furent détournés. On creusa des mers, et des générations entières furent consumées par ces inconcevables travaux. Comment Orphée et Pythagore n'auroient-ils pas rapporté avec la doctrine des Égyptiens, cet enseignement mystérieux et ce langage allégorique qui sembloient ne faire sortir la lumière que du sein de l'obscurité et des ombres, ne la destinant qu'aux esprits doués d'assez de pénétration pour percer les nuages qui les voiloient ? comment n'en auroient-ils pas rapporté une foule de préceptes symboliques, qui cachoient sous certaines images des règles de conduite et de mœurs ?

Les Grecs, dont la première institution fut le gouvernement domestique, furent civilisés par l'instinct moral bien plus que par l'instinct religieux. Les lois de l'union conjugale vinrent adoucir leurs peines, donner un but à leurs travaux, et les arracher à la barbarie. De petites sociétés se formèrent ensuite par la réunion de plusieurs familles. On s'accoutuma à regarder celles-ci comme faisant partie d'un plus grand corps, qui étoit le corps de l'État. Les pères nourrissoient leurs enfans dans cet esprit, et les enfans apprenoient dès le berceau, à regarder la patrie comme une mère commune à qui ils appartenoient plus encore qu'à leurs parens. L'amour et la reconnoissance enfantèrent bientôt le dévouement et l'héroïsme. Une contrée riante, fleurie et pittoresque, un climat tempéré qui rendoit les hommes plus sensibles aux charmes de l'harmonie, l'élégance et la régularité des formes humaines, tout contribuoit à remplir les cœurs de ce sentiment du beau si favorable à la morale, qui donne des aîles à l'ame, et qui l'élève par degrés jusqu'à la source vivifiante et sublime de toute beauté. Musée, Linus, Orphée créent les arts et les peuples. Les doux accens de la musique peuvent seuls adoucir les féroces Arcadiens. Les chants inspirateurs de la poésie rappellent la victoire qui désertoit les rangs des Spartiates intrépides. Les beaux arts faisoient une heureuse alliance avec les vertus sociales. La Grèce étoit comme un vaste Muséum de grandes actions écrites en monumens durables, sur le sol même de la patrie. Les héros renaissans sous la baguette du génie, devenoient les contemporains de toutes les générations. Les mausolées, les tableaux, les statues, les cénotaphes, les poëmes, les jeux publics, les temples même étoient consacrés au patriotisme, à la reconnoissance et à la gloire. Toutes les affections du cœur humain déifiées, plaçoient la morale sous la puissante protection de la divinité. Les lois atteignoient les vices. Des tribunaux redoutables punissoient l'ingratitude. L'égoïsme et l'insensibilité étoient frappés du mépris public. Faut-il donc s'étonner si les philosophes grecs, considérant l'ame humaine comme un abrégé de l'univers, ont transporté dans la physique toutes les qualités morales; si Empédocle a joint aux quatre élémens, dans la formation du monde, l'amour qui unit leurs parties, et la haine qui les sépare; enfin si d'autres physiciens ont appliqué l'horreur du vide à l'élasticité, et la paresse à l'inertie?

Chez les Romains, qui n'étoient dans l'origine que des barbares épars que Romulus, Tatius et Numa réunirent dans l'intention de leur donner des lois, ce fut la politique qui fit tout. Des bandits errans dans les forêts, n'étoient guères susceptibles d'être conduits par les saintes inspirations de la conscience, ou l'aimable impression du sentiment. Ils ne virent, ils ne durent voir que l'intérêt de cette société naissante qui leur donnoit une patrie et les réhabilitoit dans leur dignité d'hommes qu'ils avoient perdue. Numa sut inspirer la crainte des Dieux à ce peuple qui ne craignoit rien. Dans le midi, où l'imagination est plus vive, les hommes sont portés à donner un corps et des formes à tous les objets de leur vénération ou de leur amour; les impressions sont fortes, mais peu profondes, et le législateur qui veut agir sur l'ame, doit la presser par tous les sens à la fois. Une religion cérémonieuse, mais dans le fond toute politique, donna des mœurs et une morale au peuple romain. Des prodiges, des prédictions signalèrent son enfance; et ses Dieux lui annoncèrent une grandeur que ses législateurs préparoient. La destinée de Rome devint le centre unique de toutes les pensées et de toutes les entreprises.

Toutes les vertus, toutes les actions avoient pour but d'avancer l'instant desiré de sa domination universelle. Point de sciences, point d'arts parasites; rien ne devoit distraire du grand objet. Les temples des Romains étoient moins consacrés aux Dieux, qu'au génie protecteur de Rome; les basiliques étoient les temples de la justice; les nombreux arcs de triomphe sembloient autant de gages que leur avoit donné la victoire de sa constante fidélité. Leurs ponts, leurs colonnes milliaires, leurs voies pompeuses étoient consacrés à l'usage public. Tous leurs monumens étoient dédiés à la gloire ou à l'utilité de la nation. N'accusons donc point de superstition les magistrats qui punissoient un général pour n'avoir pas suivi les présages. *Il importoit de faire voir au peuple,* dit Montesquieu, *que les mauvais succès n'étoient point l'effet* de la *mauvaise constitution de l'État.* N'accusons point d'impiété l'illustre Fabius, lorsqu'il disoit que ce qui étoit avantageux à la république, se faisoit toujours sous de bons auspices. N'accusons point, enfin, tant de Romains généreux, de ces guerres injustes, de ces alliances hostiles, de ces protections tyranniques, qui furent moins leur ouvrage que celui des lois de l'esprit et de la religion de leur temps. Rome devoit commander à tout l'univers ; Rome le crut fortement, et l'univers fut subjugué.

Les peuples septentrionaux qui se partagèrent les dépouilles de Rome, nés sur des bords glacés, parmi des rochers menaçans ou dans l'ombre des forêts silencieuses, reçurent avec le jour un sentiment profond et mélancolique. Il devint la source de leurs vertus guerrières, et de ces affections délicates qui les distinguèrent. Ils ne s'associèrent que pour les combats, et la bravoure devint chez eux la première des vertus. Le moindre soupçon de foiblesse entraînoit le mépris général. La vieillesse étoit redoutée comme la décadence de la vie. Les femmes, leurs compagnes inséparables et leurs épouses chéries pouvoient seules tempérer leurs caractères ardens et féroces. Ces hommes violens, prompts à céder à la passion, comme à revenir à la nature, obéissoient au charme secret de leur voix enchanteresse. Leur rare beauté, leur ame pure comme l'onde des lacs paisibles de leurs forêts, les idées guerrières d'honneur et de gloire que leur sexe avoit empruntées du nôtre, changeoient l'amour, parmi ces barbares, en une passion noble et délicate, qui élevoit l'ame et enflammoit le courage. Les hommes devinrent des héros et les femmes acquirent une fierté qui ne nuit point à la vertu. Souvent poète et guerrier le Scalde ou le Barde chantoit sur sa lyre et combattoit avec sa lance pour la beauté qu'il adoroit. Les arts n'étoient qu'un inconcevable mélange de bizarrerie et de grandeur. Telle fut la source de cet esprit de chevalerie, qui dans un temps d'anarchie et de confusion, associa la religion, l'héroïsme et l'amour, pour suppléer à l'absence de toute force publique ; qui refondit toutes les idées et retrempa tous les sentimens ; qui acheva la civilisation de l'Europe et maintint son indépendance. Ah ! blâmons plus modérément ces intrépides croisés que les plus puissans et les plus nobles motifs arrachoient à leurs trônes et à leurs peuples ! Un saint zèle arma saint Louis ; l'ardent amour de la gloire entraîna Richard. C'est de nos jours la soif de l'or qui déplace les hommes pour les abrutir, et notre froide philosophie ose reprocher à nos pères le sang qu'ils versèrent en Asie, tandis que l'Amérique fumante nous accuse devant la postérité.

Enfin deux siècles environ avant la renaissance des lettres, au sein de l'ignorance universelle, il s'éleva de nouveaux docteurs dans l'église. Ce furent ces ordres religieux, destinés à la prédication, et condamnés à la mendicité ; mais qui se glorifient avec raison d'avoir produit Thomas d'Aquin et Bonaventure. Leur pauvreté ne leur permettoit guères d'acheter des livres très-chers, leur vie ambulante ne leur permettoit pas de les transcrire eux-mêmes. Ils employoient un temps considérable à méditer et à se perdre en de vaines spéculations. Un goût prédominant pour l'allégorie, et qui provenoit de leur ignorance du sens littéral de l'écriture, devint la source de mille subtilités. Chacun d'eux reprenoit la théologie par sa base, et la reconstruisoit d'après ses propres raisonnemens, en négligeant les leçons que l'esprit de la plus pure antiquité nous avoit transmises par la tradition. Ils remirent tout en question, et résolurent par des probabilités et des vraisemblances, ce qu'un peu de science eût facilement décidé sans hésitation. Il arriva de-là que des livres faits pour servir d'instruction dogmatique, n'offroient qu'une suite de conjectures plus ou moins fondées, et devinrent le sujet d'interminables disputes. Ainsi naquit cet esprit scholastique et contentieux qui attaque indistinctement le vrai ou le faux, qui met toute son habileté à rétorquer un argument, ou à éluder une objection, qui compte pour rien le fond de la doctrine, pourvu que le docteur soit invincible, et qui le rend invincible pourvu qu'il soit infatigable. Je laisse à penser jusqu'à quel point, l'influence de cet esprit prévaut même dans notre siècle. La renaissance des lettres en suspendit pour quelques instans les effets. La raison fut totalement écartée, et l'autorité régna en souveraine. Ce fut alors que l'on vit Marsile de Padoue démontrer par les principes de la politique d'Aristote, que l'empereur avoit droit de borner la jurisdiction des évêques et du pape même. Mais lorsque la liberté de penser fut rétablie, lorsqu'on discuta sans préjugé les opinions des anciens, l'habitude d'ergotiser qui s'étoit maintenue dans les écoles, se glissa dans la philosophie. Chacun a repris au pied l'édifice des sciences. On a parcouru toutes les faces d'une idée pour l'adapter à son systême. Le doute est devenu scepticisme, la parole, ou la raison manifestée est demeurée une épée à deux tranchans, on a voulu tout sonder pour tout mesurer, tout détruire pour tout rebâtir. Qu'on ne reproche donc pas à Descartes, avec tant d'aigreur, de n'avoir secoué le joug péripatétique que pour devenir tyran à son tour. S'il retarda les progrès de la physique expérimentale, il créa l'analyse logique. Tout ce que la science pouvoit tenir de l'esprit et de la raison, Descartes nous l'a enseigné. S'il s'est égaré dans les abstractions et les termes vides de l'école, c'est qu'il vivoit dans son siècle. Ce fut beaucoup qu'il sentît le besoin de remplacer ses anciennes opinions, par des opinions nouvelles. Le temps n'étoit pas venu où l'observation et l'expérience devoient servir de base à toute saine philosophie.

Appliquons encore au plus grand homme de notre siècle, je parle de Pierre-le-Grand, ce que nous venons de dire, touchant l'influence de l'esprit du temps sur l'ame des grands hommes même. S'élançant sur le trône au péril de sa vie, dès sa plus tendre jeunesse, il s'affranchit de l'avilissante tutelle des Strelits, il appela les arts sur le sol barbare de la Russie, il créa une armée de terre et de mer, et des jeux furent le prélude de cette grande révolution. Venant de donner la paix à la Chine et des lois à la Turquie, il entra triomphant dans Moscou, de-là il envoya dans l'Europe entière de jeunes Russes destinés à l'apprentissage des sciences et des arts. On le vit bientôt lui-même, s'environnant d'artistes, devenir leur élève, et même leur rival, et réclamer au milieu d'eux, le salaire de son travail personnel. La pompe et la grandeur de Louis XIV en imposoient au monde; la politique et la sagesse du roi Guillaume soutenoient seules l'Europe; lorsque le czar Pierre vint se faire recevoir maître charpentier à Sarlam. Du fond des chantiers de la Hollande, il promettoit trente mille hommes au roi Auguste, et dirigeoit les mouvemens de sa propre armée, occupée en Ukraine à contenir les Tartares. Mais Pierre, étranger aux opinions comme aux arts de l'Europe, s'apercevoit à peine qu'il y eût quelque chose d'extraordinaire dans sa conduite, et tout glorieux d'être caporal ou lieutenant dans un de ses nouveaux régimens, il ne connoissoit point cette sorte de dignité qui enchaînoit la valeur de Louis XIV et le rendoit spectateur immobile du fameux passage du Rhin. S'il fut despote et populaire, humain et farouche, équitable et cruel, c'est qu'il devoit de ses vertus quelque chose à la nature, beaucoup à ses propres efforts, et tous ses vices à l'éducation et aux mœurs de sa patrie. Les plus affreux supplices, les plus sanglantes exécutions, n'étoient pour lui que des moyens de police ordinaire. Il vouloit donner à son peuple un nouvel esprit, et il cédoit lui-même à la tyrannie des anciennes formes. Il défendit aux Moscovites de s'honorer du titre d'esclaves, et il les força à coups de bâton à raser leur barbe, et à raccourcir leurs robes. Il les assujétit dans leur intérieur à des règles de politesse, et promulgua un code pénal pour les incivils et les discourtois. C'est qu'il retrouvoit dans ses habitudes, l'intolérance qu'il avoit bannie de ses opinions, et que l'obéissance servile lui sembloit la plus prompte méthode pour arriver à l'obéissance libérale. Faisant à la fois la guerre en Suède, en Pologne et contre les Turcs, il se mettoit à la tête du clergé, attaquoit les privilèges des Boyards, fondoit des hôpitaux, des collèges et des manufactures, creusoit des canaux et ouvroit des routes, jetoit enfin les fondemens de Pétersbourg et de l'influence russe en Europe. Mais au sein de tant de nouveautés, ramené sans cesse à ses mœurs anciennes, on le vit à Narva en 1704, pour arrêter la licence de ses soldats, les poursuivre le sabre levé, et en tuer deux de sa propre main. On le vit en Russie répandre froidement le sang, et se livrer à des orgies honteuses et barbares. Tandis que des académiens se formoient à sa voix, que le commerce enrichissoit des contrées naguères inconnues à ses trafiquans, que les monarques d'Asie recherchoient son alliance, que le nord de l'Europe recevoit ses lois, et que le midi lui décernoit le titre d'Empereur; tandis que passionné pour la gloire, il faisoit consister la sienne à régénérer ses peuples, père dénaturé, il osa demander compte à son fils de ses pensées les plus secrètes, et le condamner pour ses intentions. Si des maximes despotiques et des exemples sanguinaires ont pu l'entraîner, gardons-nous de le juger avec cette rigueur sévère qui convaincroit tout autre prince de la plus féroce inhumanité. Souvenons-nous que les lois de Russie ne permettent pas au fils du souverain de sortir de l'empire malgré son père, et qu'une pensée criminelle y peut être du ressort des tribunaux; mais n'imitons pas aussi ces philosophes complaisans qui le louent d'avoir cimenté ses lois par le sang d'un fils ignorant et fanatique, convaincu à leurs yeux du crime inexpiable d'avoir aimé le clergé et protégé les moines. Ils soutiennent que le despotisme n'est pas un gouvernement, et ils ne craignent point de justifier l'un de ses actes les plus cruels, parce qu'il a prévenu peut-être la chute d'une académie. Rendons justice à Pierre premier: il fut le fondateur d'un grand empire, en lui les vices privés influèrent peu sur le grand prince. S'il a forcé la nature en tout, en tout il l'a forcée pour l'embellir. Le plus puissant empire du monde, dont il fut comme le créateur, éternise le souvenir de son nom en déployant les forces qu'il en a reçues; mais ne dissimulons pas que, s'il obtint parmi nous des louanges immodérées, c'est qu'on crut ne pouvoir jamais assez louer un souverain qui fit descendre la majesté royale dans les atteliers du mécanicien et dans le laboratoire des savans. Les philosophes ont rendu à sa mémoire le tribut d'hommages qu'il avoit payé à leur vanité.

Observons que plus l'esprit du siècle a d'influence sur les hommes, moins les hommes ont d'influence sur leur siècle. Lorsque les lumières se répandent, le système de l'égalité des esprits se propage, une sorte d'anarchie morale en est la suite funeste. Certaines opinions reçues et généralement adoptées, donnent insensiblement la loi. On n'écoute pas ceux qui combattent les préjugés dominans; en applaudissant ceux qui les préconisent, c'est à soi-même que l'on rend hommage. Il faut alors de bien grands hommes, ou de bien grands événemens pour changer le cours des idées.

On se vante de vivre dans le siècle des principes, et chacun se croyant une puissance, craint de déroger à sa propre majesté. L'enthousiasme pour un individu avoit cela de bon que chacun s'oublioit soi-même pour songer à son parti ; l'enthousiasme pour les principes a cela de mauvais, que chacun ne pense à son parti que pour s'occuper de soi-même. Alors les hommes n'ont plus rien de commun, ils ont brisé tous les fils de soie qui les lioient les uns aux autres, le prestige du rang est détruit, la supériorité des talens méconnue, l'autorité de la vertu rejetée, le respect pour la vieillesse oublié. La crainte et la cupidité font tout; c'est en vain que l'égoïsme s'isole. Autrefois quand un homme hardi prêtoit le flanc, la multitude étoit sous le bouclier; alors l'oppression pèse sur tous, elle atteint le moindre individu jusques dans son imperceptibilité.

Aux hommes qui envisagent l'histoire d'une façon trop littérale, nous pouvons donc répondre : considérez le génie et le caractère de chaque siècle en jugeant les grands hommes, et vous apprendrez à les séparer des erreurs et des préjugés de leur temps; et vous saurez quelle est dans chacune de leurs actions la part de la sagesse, de la magnanimité ou des circonstances.

Fuyez, dirons-nous encore à l'historien, cet esprit de système ou de prévention, mille fois plus dangereux que l'ignorance. L'ignorance grossit ses narrations de fables absurdes et puériles; l'esprit de système dénature la vérité. Les chroniques les plus informes offrent au critique éclairé une moisson abondante. Les recits que dicte la partialité sont inadmissibles dans leur entier. Sous la plume de certains auteurs, l'histoire se change en une épopée, où tout doit tendre vers un objet unique. Tout ce qui s'écarte du but qu'ils se proposent, leur semble épisodique et accessoire, et ils donnent libre carrière à leur imagination sur tout ce qui peut y concourir. Quelques aveux leur échappent, quelques contradictions nous éclairent; mais il peut devenir dangereux de s'en prévaloir. Irrité par leur mauvaise foi, on court risque de sortir des bornes de la modération. Le sort de la vérité historique est commis alors à une espèce de duel polémique qui ne prouve que l'acharnement des deux partis. Ainsi les exagérations des philosophes contre l'intolérance religieuse produisirent l'*Apologie de la Saint-Barthelemy* par Caveyrac. Voltaire avoit voulu charger la religion des crimes de la politique; Caveyrac prétendit justifier la politique, et ne repoussa point les coups qu'on portoit à la religion. La passion accueille également les témoignages mensongers des poëtes, et les amplifications hyperboliques des orateurs. Elle exhume les anecdotes oubliées et rejetées par les contemporains, tout ce qui est conforme à ses vues, lui paroît concluant. Elle repousse sans examen tout ce qui la contrarie ; quelquefois elle agit sans motifs apparens, et un vain amour propre l'arme pour la défense des bizarres caprices d'une imagination désordonnée. On comprend pourquoi le tyran Polycrate composa l'éloge de Busiris ; mais qui pourroit expliquer par quelles raisons le philosophe Cardan entreprit celui de Néron? Souvent l'esprit de parti répand ses poisons sur l'histoire. Peu importe alors qu'un document soit vrai, s'il est utile. On ne manque jamais de prétextes pour justifier son obscurité. La vérité, dit-on, est si mal reçue quand elle se montre parmi les hommes. La puissance l'opprime toujours et ne la tue que trop souvent. Avec ces misérables argumens, on a ressuscité de nos jours tous les libelles odieux enfantés par la fureur des guerres civiles, soit en Angleterre, soit en France. On a tenté de justifier le parricide Ravaillac, et d'imputer des crimes aux monarques les plus vertueux. Dès la naissance du christianisme, Eunape et Zozime écrivirent des annales anti-ecclesiastiques ; plus d'un écrivain dans ce siècle a marché sur leurs traces, et la méthode d'isoler quelques faits choisis, et de les considérer comme l'ossification de l'histoire, est le plus grand coup, peut-être, que l'on puisse porter à la certitude historique ; c'est l'art de construire des faits faux avec des faits vrais. Quelques-uns se préviennent pour leur héros et le peignent toujours hors de la nature, pour le montrer au-dessus de l'humanité. On a reproché à Xenophon d'avoir dans sa Cyropédie, tracé le portrait du modèle des rois, plutôt que celui du Cyrus. On allègue quelque chose d'approchant contre le peintre de Charles XII. N'être pas exactement fidèle à la vérité, c'est l'outrager. On a quelquefois pour la taire des motifs que la philosophie avoue. Celui qui prétend l'embellir, la déguise ou la travestit ; celui qui la dissimule ou qui la combat, manque à ce qu'il doit aux autres, et à ce qu'il se doit à lui-même. Philostrate n'écrivit l'histoire d'Appollonius de Tyane que pour opposer aux miracles, qui fondoient la doctrine des chrétiens, les miracles fabuleux de ce sophiste célèbre. Un Anglais l'a de nos jours traduit et commenté dans le même esprit. Paul Jove a plutôt composé le panégyrique de Léon X, que l'histoire de son temps, et sa plume vénale distribuoit la louange et le blâme au gré de son avarice. Enfin Solis, trop aveuglé par l'intrépidité de Cortez, cherche à le laver de tous ses crimes, et ose ouvertement reprocher à Las Casas d'avoir soulevé le voile qui couvroit tant d'horreurs.

Il est une autre espèce d'aveuglement. Quand un grand événement change la face du monde, et qu'une grande révolution éclate, les parties intéressées envisagent d'un œil différent ce terrible spectacle. Les uns ne le regardent que comme l'ouvrage de quelques conjurés méprisables et l'attribuent tout entier à des causes accidentelles et à des circonstances particulières. Les autres le représentent comme une crise nécessaire au bien-être de l'espèce humaine, et que les événemens antérieurs amenoient infailliblement. C'est pour eux le signal d'une régénération long-temps attendue, l'aurore d'un nouveau jour et le commencement d'un monde nouveau. Les uns et les autres se trompent. Chaque révolution est sans doute la conséquence immanquable d'une foule de causes morales qui la préparent lentement et sans bruit; mais lorsqu'elle fond actuellement sur un peuple ou sur plusieurs, c'est toujours par le concours au moins fortuit de quelques causes occasionnelles. Les passions et les intérêts humains y ont toujours une plus grande part que les principes. Mais ce sont les principes qui fournissent aux intérêts et aux passions, les moyens qu'ils employent et les armes dont ils se servent.

Enfin des sophistes non moins dangereux mais plus séduisans, transforment l'histoire en système de philosophie.

Buffon a dit: *la nature s'embarrasse peu des individus, elle ne s'occupe que de l'espèce*. Cette pensée de naturaliste appliquée à la politique et à la morale, a produit des maux incalculables. Toutes les dispositions naturelles de l'homme, a-t-on dit, en assujétissant l'histoire à cette étrange maxime, ne doivent point se développer entièrement dans l'individu, mais dans l'espèce entière. Ce sont les chocs, les oppositions, les discordes, abîme de maux quand on les considère sans but, qui dans l'ordonnance d'un sage créateur, opèrent le développement des dispositions de l'espèce. Nous sommes civilisés jusqu'au dégoût, et cette culture excessive est le préalable nécessaire de la moralité parfaite. Le temps viendra enfin où le but de la nature sera rempli, et la félicité du genre humain complète sous tous les rapports.

Mais la base de ce système qui déroule à nos yeux le livre des destinées, et qui lie tous les événemens historiques à la perfectibilité imaginaire du genre humain, porte sur un abus de mots. L'espèce humaine, dit-on, est susceptible de perfectibilité, et l'insociable insociabilité des hommes la conduit à sa perfection. J'accorde que l'espèce humaine est perfectible, puisqu'elle est composée d'individus qui le sont; j'accorde encore que l'homme est sociable, et que sa sociabilité est le plus puissant véhicule de son perfectionnement. Mais je ne sépare point la perfectibilité de l'espèce de celle des individus; car les individus ne sont jamais, avant l'expérience et l'observation, ce qu'ils ne peuvent devenir que par elles. Un peuple n'est plus éclairé qu'un autre, que parce que les hommes qui le composent, sont eux-mêmes plus éclairés; car tous les individus naissent également ignorans. Le mot *peuple* comme le mot *somme*, ne me présente d'autre idée que le résultat d'une addition, c'est-à-dire, d'une opération de mon esprit; puisque dans la nature, il n'y a que des unités. Pour qu'il y ait perfectibilité, il faut qu'il y ait persistance. Or l'espèce naît et meurt à chaque instant. Pour qu'il y ait perfectibilité, il faut qu'il y ait identité, et l'espèce n'est qu'une succession constante d'individus. Pour qu'il y ait perfectibilité, il faut qu'il y ait volonté, or de quelle volonté le genre humain peut-il être capable? Pour qu'il y ait perfectibilité, il faut qu'il y ait conscience, et quelle peut-être la conscience de l'espèce? Pourquoi l'expérience des pères est-elle perdue pour leurs enfans? C'est que les hommes ne vivent pas d'une vie commune; c'est que chaque individu a le sentiment distinct de son existence séparée; c'est enfin que quand même un concours prodigieux de circonstances donneroit les mêmes combinaisons, nous n'aurions jamais la conscience de cette identité. Chaque individu à sa fin en lui-même, et c'est là le but de la nature. Qu'on ne confonde pas les moyens avec la fin.

L'homme n'existe pas pour la société, la société n'existe que pour l'homme ; elle fut formée pour aider et protéger le développement de l'individu : la perfectibilité de l'espèce même, n'a donc que l'individu pour objet.

En effet, si le genre humain pris en masse, semble demeurer immobile, certaines sociétés se distinguent par leurs progrès. L'influence de quelques grands hommes, long-temps après leur mort, vivifie des peuples entiers. Mais comme le mouvement qui diminue quand il se communique, elle s'éteint par degrès, et tout retombe dans l'inertie et le chaos.

Au reste, l'esprit humain, ainsi perfectionné, répand comme l'astre du jour, une lumière étrangère à ceux qu'elle éclaire. C'est le bienfait de la société, que les foibles y jouissent de la protection des forts, les pauvres des secours des riches, les ignorans des travaux laborieux de la science. Mais les individus n'en sont pour cela ni plus forts, ni plus riches, ni plus instruits. L'artisan de Paris ou de Londres qui croit sur parole que c'est la terre qui tourne, n'est pas plus éclairé que celui de Rome ou d'Athènes, qui croyoit qu'elle étoit fixe. L'un n'est pas plus sûr de son fait que l'autre ne l'étoit du sien. D'ailleurs si l'on lègue à la postérité des idées toutes faites, c'est le secret de leur formation qui seroit utile. Ce sont donc des préjugés qui gouvernent les siècles éclairés aussi bien que les siècles barbares. Parcourons les bibliothèques; la valeur, la conquête, le luxe et l'anarchie, tels sont, nous dit-on, les différens périodes de la vie politique des États. L'érudition, les talens, la philosophie, telle est la marche progressive de l'esprit humain. Nos livres sont remplis des preuves de l'antiquité de nos systêmes et de nos découvertes modernes, ainsi que des regrets des savans sur les arts et les connoissances anciennes que nous avons perdues. Notre espèce, comme notre globe, en fournissant sa carrière, n'entrevoit jamais la lumière qu'à demi. Les connoissances humaines sont une chaîne presque toujours interrompue. Les hommes, en sortant de l'ignorance, sapent les restes précieux des monumens qu'avoit élevé la sagesse des premiers siècles. Ils rebâtissent sur le même plan, et l'on se trouve, après bien des travaux, au point d'où l'on étoit parti.

Mais la moralité qui a sa fin en elle-même, la moralité qui est incommunicable comme le sentiment dont elle émane, pourroit-elle être le produit du développement progressif de la raison? L'expérience nous présente-t-elle les siècles plus éclairés comme les moins corrompus? La philosophie morale qui avoit fait tant de progrès dans Cicéron, dans Memmius, dans Possidonius, dans M. Brutus, et dans les esprits de tant d'autres dignes Romains, ne put rien contre les violences des guerres civiles. C'est ainsi que du temps de la ligue, les Montaigne, les Charron, les De Thou, les Lhospital ne purent s'opposer au torrent de crimes dont la France fut inondée. Néron fut l'élève de Sénèque, et Commode le fils de Marc-Aurèle. Les Chilpéric et les Clotaire, les Rodrigue et les Alboin, furent moins dissolus et moins cruels peut-être parmi les Francs, les Wisigoths et les Lombards à demi sauvages, que ces princes odieux de Rome polie et savante. Ah! si c'est au travers de tant d'horreurs, si c'est du sein de la corruption même que la vertu doit sortir triomphante, si tant de calamités, tant de flots de sang répandus, sont les moyens nécessaires de notre félicité finale, il faut donc écraser les hommes pour mériter des autels. Nos bourreaux seront nos bienfaiteurs et la morale de l'histoire se réduira à ce désolant résultat : hommes ! c'est en vain que vous vous efforcez de faire le bien, la nature sait le faire sans vous. Vos vices, vos forfaits même sont utiles. La vanité fût-elle l'ame de vos travaux, qu'importe à la postérité que vos travaux ont éclairée. Une ambition sanguinaire fit voler la mort devant vous, et votre trône élevé sur des monceaux de cadavres, fut cimenté de sang et de larmes. Vous fûtes cruels, sans doute, mais graces à votre inhumanité, le genre humain s'est avancé vers l'époque desirée du repos universel. Vous n'avez qu'un seul regret à former, c'est celui d'être nés trop tôt. Plusieurs milliers d'années plus tard, une génération favorite foulera vos cendres éparses, se rira de vos malheurs inévitables, et jouira d'un bonheur parfait qui sera d'autant plus vif qu'il sera moins mérité.

C'est ainsi que la philosophie qui ose demander compte à la religion des profondeurs des décrets de Dieu, adopte le système révoltant d'une prédestination arbitraire. C'est ainsi qu'elle aime mieux prêter à la divinité ses vûes rétrécies et bornées, que d'adorer l'incompréhensibilité de ses desseins.

Résumons-nous : que l'on bannisse de l'histoire, l'esprit de systême, si l'on veut la rendre utile ; que l'on examine tour-à-tour l'influence des grands hommes sur les mœurs, et l'influence des mœurs sur les grands hommes ; mais que l'historien sache que son premier devoir consiste à choisir attentivement ses matériaux. Il est des règles générales qui fondent la certitude historique et auxquelles il doit savoir se conformer. Il doit sans cesse en faire l'application à tout ce qu'il recueille, à tout ce qu'il choisit. L'histoire est un cours d'expériences morales faites sur le genre humain. Pour que les expériences soient utiles, il faut scrupuleusement constater l'état des choses au moment où ces expériences ont eu lieu. Il faut suppléer aux observations des autres par ses propres observations, et ne se laisser rebuter ni dans ses recherches, ni dans ses méditations, parce que rien n'est petit dans un si grand intérêt. On se plaint de ce que la vraie cause d'un événement échappe souvent aux regards les plus exercés, on se récrie contre l'assurance de l'historien, qui ne laisse pas d'attribuer à une cause morale, un dénouement produit bien souvent par une circonstance physique. Ne nous en laissons point imposer par ces reproches plus spécieux que fondés. Quelle utilité peut-il revenir aux hommes d'apprendre qu'un arbre de plus ou de moins, un rocher à droite ou à gauche, un tourbillon de poussière élevé par le vent, ont décidé de l'événement d'un combat, sans que personne s'en soit aperçu ? Qui pourra l'apercevoir avant l'événement, si l'issue de l'événement ne la révèle même pas ? Le lecteur devroit-il conclure d'une découverte de l'historien, que l'influence du champ de bataille est plus puissante que la disposition morale des combattans ? Mais dix mille Turcs sous les murs de Platée ou dans les champs de Marathon vaincront-ils cent mille Russes ? Marius défit les Cimbres parce que son armée manquoit d'eau, combien une pareille circonstance n'a-t-elle pas fait perdre de batailles ou manquer d'expéditions ? Le monde physique est indépendant de nous, c'est le rapport moral des choses qu'il nous importe de connoître. Ce n'étoit ni à sa forme de colonne serrée et hérissée, ni à la bonté de ses armes que le bataillon sacré des Thébains devoit sa supériorité dans les combats ; c'étoit au sentiment moral qui en unissoit les membres, et qui animoit la troupe entière. Il est possible, sans doute, que le phénomène que l'on veut expliquer, ne soit pas uniquement produit par des causes morales, mais ce sont les plus puissantes de toutes. N'est-ce pas la mauvaise conduite des croisés qui fit perdre l'Égypte à saint Louis, plutôt que l'influence pestilentielle du climat qui consomma cependant la ruine de son armée? Que l'historien ne se décourage point, et qu'il expose à l'impartiale postérité, dont la reconnoissance récompensera ses travaux, le concours et l'enchaînement des causes morales, qui étendent leur influence sur les événemens qu'il décrit. C'est ainsi que l'histoire se distinguera de cette chronologie armée de dates et pauvre d'événemens, qui n'offre que les âges des peuples ; c'est ainsi qu'elle se distinguera de ces compilations indigestes, qui ne sont que des gazettes amoncelées où les faits nagent au hasard et sans connexion ; enfin, c'est ainsi qu'appréciant les événemens à leur juste valeur, elle offrira aux nations comme aux individus, le meilleur traité de philosophie pratique, comme le recueil des expériences médicinales de tous les âges forme la partie la plus instructive de l'art de guérir.

C'est dans les histoires particulières, dans les détails biographiques, dans les chroniques peu connues, que l'historien doit rechercher les traits épars qui caractérisent le génie d'un siècle et d'une nation. C'est l'avantage des écrits historiques sur tous les autres écrits, qu'il n'y en a point de parfaitement inutiles. Les plus fabuleuses légendes renferment des détails précieux sur les usages et l'ordre établis dans les anciens temps. Un fait isolé ne prouve rien, un seul caractère ne marque pas ; c'est la répétition de plusieurs faits semblables ou analogues, c'est le même pli de caractère commun à des générations entières, qui seuls peuvent donner une notion générale du goût et des mœurs d'un peuple. L'historien rassemble laborieusement ces débris dispersés, sa main les affermit et les rapproche ; semblable à cet antiquaire, qui des fragmens mutilés

d'un

d'un monument détruit, doit extraire le plan originaire de l'édifice, et tracer habilement ses superbes contours. Il recueille une multitude de documens dispersés, identiques, il les combine, il les enchâsse l'un dans l'autre, et ces matériaux imparfaits, fugitifs, deviennent entre ses mains, les élémens d'une construction régulière et solide.

C'est sur-tout dans les auteurs contemporains qu'il faut puiser tout ce qui concerne l'esprit général d'un siècle. Littérateurs, philosophes, savans, tous peuvent être mis à contribution par l'historien. Il n'est pas de panégyrique flatteur, ni de dédicace rampante, qui ne fournisse son tribut, et ne figure dans l'ensemble du tableau. S'il faut s'en défier pour la vérité des faits, on peut s'en rapporter à eux pour la peinture des mœurs. Les mœurs se trahissent dans le langage, se peignent dans le style, se retrouvent dans la forme des louanges, des imprécations. Elles se mêlent à tout. L'hypocrisie et la fausseté même en sont des témoins fidèles. Mais il faut placer moins de confiance dans les contemporains, relativement à la manière d'enchaîner les faits qu'ils rapportent. La postérité en sait toujours plus qu'eux sur les ressorts secrets des événemens même où ils ont figuré comme acteurs. Justifions cette proposition qui peut paroître un paradoxe. Presque toujours l'ensemble d'un fait embrasse plusieurs lieux et plusieurs temps, et l'homme n'existe que sur un point. La vivacité des émotions présentes l'absorbe, et plus que jamais il ne voit les événemens qu'en profil. Chacun sait mieux ce qu'il a vu, ce qu'il a entendu, mais personne n'a tout entendu, ni tout vu, personne ne sait le tout de rien, comme dit Montaigne. La postérité est riche de toutes les révélations ; elle possède toutes ces esquisses d'après nature. Il y a des choses qu'on ne voit que quand elles ne sont plus, et le silence des tombeaux révèle plus de vérités que les discours étudiés des vivans. Les anecdotes s'oublient, mais l'ensemble se prononce mieux, tout reprend sa place et sa grandeur naturelle. C'est la mort qui place les hommes dans leur point de perspective. On voit mal ce qu'on voit de trop près. On sait sûrement mieux aujourd'hui à Stockholm, les circonstances de la conjuration de Catilina, qu'on ne les a sues dans le temps à Brindesou, à Thessalonique, ou même que ne les savoient les habitans paisibles de Rome. Quelque vrai qu'on soit d'ailleurs, quelques desirs qu'on ait de l'être, la seule manière d'envisager les faits peut les altérer. Ceux qui n'ont été que témoins, sont naturellement enclins à blâmer ceux qui ont agi, ils voyent les fautes qu'on a faites et les relèvent, mais ils n'ont pas vu les obstacles et les difficultés. Quelques-uns donnent pour des vérités leurs pensées et leurs conjectures. Ils veulent avoir été mieux instruits que les autres, et rien ne leur est demeuré caché. D'autres adoptent tous les oui-dires, écrivent comme le vulgaire parle, et mettent la postérité dans la confidence de leur coterie, au lieu de l'instruire des faits de leur temps. Ceux qui ont joué un rôle, ne voient qu'eux dans la pièce entière. Ce rôle leur semble le principal, et ils n'ont pas tort tout-à-fait ; c'étoit le principal pour eux. Ils ont eu leur parti et leur systême, leurs auxiliaires, leurs jaloux et leurs ennemis. Leurs récits passent au travers de leurs passions et s'y teignent. Prendre acte des faits convenus, concilier les rapports contradictoires, démêler la vérité dans les lettres et les monumens du temps, c'est ce qu'il n'appartient de faire qu'à l'impartiale postérité. Tacite, Suétone, Machiavel, Hume, qui ont décrit des événemens récents, mais d'une certaine distance, ont seuls présenté des tableaux généraux et complets, des détails certains et incontestables. Les auteurs originaux et contemporains sont donc des témoins que l'historien cite devant son tribunal, et qu'il doit examiner avec sévérité. Il ne faut pas qu'il oublie qu'il y a des événemens qui se ressemblent dans tous les âges, qui frappent vivement les contemporains, et qui deviennent indifférens pour les générations suivantes, parce qu'au moral comme au physique, tout s'affoiblit et disparoît dans l'éloignement. Qu'il se souvienne sur-tout, en appréciant les témoignages des contemporains sur les grands hommes, qu'il n'y a point de héros pour son temps. Ce n'est pas que celui qui voit de plus près, admire moins, parce qu'il connoît mieux. Mais les grandes vertus ou les grands talens ne trouvent pas à se signaler dans un exercice continu. Un grand homme suivant l'ordre des distinctions sociales, a des égaux ou des supérieurs.

Pour se dispenser d'avouer leur infériorité, ils relèvent ces foiblesses, ces négligences de tous les jours, par où les plus grands caractères se rapprochent des hommes communs. Par un certain retour d'amour propre presque imperceptible, et souvent involontaire, la plupart des hommes se comparent à ceux avec lesquels ils vivent, et se préférent sur certains points. Les ames ordinaires se hâtent de juger, et le grand homme est méconnu.

Après avoir choisi ses matériaux, il faut que l'historien étudie sans prévention, les caractères qu'il veut peindre, et les événemens qu'il doit juger. La plus délicate circonspection doit présider à cet examen. Il faut qu'il se souvienne constamment qu'il n'est ni l'accusateur ni le complice des hommes dont il apprécie la conduite. S'il est injuste de ne voir que les vices, il est partial de ne voir que les vertus. Que l'on n'omette point, en nous peignant un grand homme, le récit de ses foiblesses. Si l'on doit à sa mémoire, d'écarter les traits empoisonnés de la calomnie, l'exemple de ses fautes est nécessaire peut-être à celui de ses vertus, et l'historien écrit pour instruire.

On croira les grands hommes inimitables s'il les représente infaillibles. On s'est récrié contre la véracité de l'histoire parce qu'elle dépeint Alfred sans défauts. Il faut qu'un héros soit homme, s'il doit faire impression sur d'autres hommes. Turenne commet une indiscrétion, pourquoi la dissimuler? elle ne sert qu'à faire ressortir sa loyale franchise. Il pouvoit perdre en se taisant Louvois qu'il n'aimoit pas, il s'accuse et devient plus grand par l'aveu de sa faute que s'il n'eût jamais failli. Que l'historien n'écarte donc point cette ombre qui donne du lustre au tableau, que son pinceau ne néglige point de saisir cette imperfection originale qui seule nous offre peut-être une personne déterminée, au lieu d'un idéal abstrait.

Mais qu'il se préserve aussi de cette odieuse exactitude, qui consiste à relever sans utilité, des vices cachés qu'il est si difficile et si douloureux de constater. Il nous suffit de savoir qu'un grand homme paya par quelque foiblesse son tribut à l'humanité. Qu'on nous le montre ensuite bienfaisant, généreux, dévoué, sublime, c'est là que l'instruction gît toute entière. Nous voulons connoître tous les détails d'une bonne action; car c'est précisément l'histoire du bien qui nous manque. Qu'est-il besoin de fouiller les honteuses archives de la turpitude humaine, pour publier avec scandale une anecdocte dégoûtante, qui souillera notre imagination sans nous instruire? Pourquoi trahir le secret et violer le mystère dont le vice s'enveloppe? Laissez Tibère à Caprée, et dérobez à l'univers qu'il fuyoit, le spectacle de tant d'horreurs. Ceux-là sont les amis du vice qui s'arrêtent à le décrire, et se plaisent à l'offrir aux yeux. Ils sont les lâches complaisans des passions des hommes, ceux qui pour satisfaire leur malignité, entassent des médisances inutiles et outragent la vérité, en la dévoilant sans pudeur. Les écarts monstrueux de la licence peuvent servir à peindre les mœurs, à peu près comme un cadavre en dissolution, peut servir à modeler l'homme. L'homme de génie aperçoit ces nuances fines et délicates. Ces lignes déliées et imperceptibles qui seules constituent la physionomie morale des individus et des peuples; mais les excès en tout genre sont des points saillans que l'esprit le plus borné peut saisir. Ne révélez le mal qu'autant qu'il importe aux lecteurs de le connoître, à moins qu'il ne soit public et que vous ne puissiez l'omettre sans infidélité. Les vices d'un individu ont-ils influé sur le sort d'un État, ont-ils fait le tourment de sa propre destinée? révélez-les hardiment. N'ont-ils que souillé sa vie secrète sans se manifester dans sa vie publique? qu'un éternel oubli les ensevelisse à jamais. La postérité ne vous demandera compte que de ce qui est digne d'elle.

L'historien ne doit pas éviter moins scrupuleusement de rapporter des calomnies obscures pour les combattre. Ces sortes de discussions flétrissent l'ame, fatiguent l'esprit, dessèchent le cœur. Chaque action vertueuse devient un problême, et la vertu elle-même se résout en certitude. L'historien doit savoir prendre un parti. Qu'il dise le fait, s'il est prouvé; qu'il le rejette, s'il est douteux. Le lecteur prétend jouir de ses lumières sans s'associer à ses travaux. Il abandonne aux savans le vaste champ des disputes, il veut qu'on l'instruise, et non qu'on l'égare. Ce ne sont pas des opinions, ce sont des faits qu'il cherche dans l'histoire.

Qu'on se garde surtout de détruire les

vertus par les vices, et de ne nous montrer que des hypocrites où nous voyons de grands hommes. Tout ce qu'une pareille méthode a d'odieux, retombe sur l'historien. Celui qui suppose toujours un secret penchant au vice, juge d'après lui-même, ses paroles sont pleines d'amertume; parce que son cœur est rempli de fiel. Une ame corrompue, comme ce peuple frappé d'aveuglement pour ses crimes, ne voit plus cet éclat céleste qui brille sur le front des enfans de lumière. Elle corrompt tout ce qu'elle touche, et laisse partout l'empreinte de sa dépravation. Comment oseroit-on d'ailleurs, sur de simples présomptions, flétrir d'un opprobre éternel la mémoire d'un homme? On ne risque de simples présomptions devant les tribunaux qu'à l'appui de preuves plus fortes, et qu'en les exposant à la contradiction, et l'on pourroit impunément déchirer devant tous les peuples, celui qui ne peut se défendre? Chez les Athéniens où l'injure faite à un citoyen, étoit ressentie par tous, la loi infligeoit une peine grave à quiconque médisoit d'un autre après sa mort. Parmi nous, que l'honnêteté publique venge un pareil outrage par le mépris et l'infamie, et qu'elle condamne le calomniateur au silence. L'histoire ne nous doit point le roman du cœur, mais le récit des actions. La vertu ne doit point être obscurcie par d'injurieux soupçons. Le crime ne doit point être excusé par de bonnes intentions supposées.

On ne doit pas toujours juger de l'influence des personnages historiques par l'intention qu'ils ont eue. Il n'est pas nécessaire qu'un grand homme ait vu toutes les conséquences de ses entreprises. Il pressentoit un grand bien, une grande amélioration, et cela suffisoit pour le déterminer. Certains philosophes qui ne croyoient inventer des méthodes que pour certaines sciences, ont introduit l'esprit de méthode dans toutes. Certains hommes d'État qui ne cherchoient en apparence que l'accroissement de la prérogative royale, ont avancé le grand ouvrage de l'affranchissement des peuples. Ce n'est pas que leur génie fût trop borné pour tout voir, c'est qu'ils se défioient de leurs propres forces, et de l'esprit de leur temps. Car si le hazard remplit quelquefois l'office des grands hommes, ceux-ci ne remplissent jamais celui du hazard. Mais, s'il ne faut pas leur attribuer des événemens qui ne sont qu'imparfaitement leur ouvrage, il faut leur tenir compte de leurs bonnes intentions, lors même que les effets n'y ont pas répondu. Bacon n'est point au-dessous de Descartes, ni l'Hospital moins grand que Sully, quoique l'un n'ait presque point eu de disciples de son temps et que l'autre ait eu plus de maux à prévenir que de biens à faire.

Il ne seroit pas moins injuste d'accuser les grands hommes de tous les maux qui résultent, à une époque éloignée, de tout le bien qu'ils ont fait. Le temps dégrade tout. L'Égypte, autrefois inféconde, fut fertilisée par les infatigables travaux de ses habitans. Cette race d'hommes laborieux a disparu, et les canaux encombrés, les réservoirs changés en marais infects, répandent la mort sur leurs bords dévastés, où jadis ils faisoient circuler la vie. Faut-il accuser Mœris ou les Ptolémées des tristes résultats de l'incurie des Arabes? Le plus salutaire présent que l'on puisse faire aux hommes, devient bientôt funeste entre leurs mains. Chaque institution nouvelle finit un abus ancien, mais en commence un nouveau ; jamais on ne désabusera le monde, tant que l'homme sera le foible jouet des passions. Saint Louis trouve la France sans lois, il lui donne une jurisprudence ; la France se couvre d'un nombre innombrable de lois et d'une multitude de légistes qui la dévorent. Une foule d'hommes de génie tirent l'Europe d'une ignorance barbare ; elle y retourne à grands pas, à force d'instruction et de lumière. Jadis on ne savoit pas assez raisonner pour savoir s'instruire, on raisonne trop aujourd'hui pour le pouvoir. Le grand homme donne l'impulsion initiale ; mais les hommes forgent péniblement la chaîne de leurs destinées. Il sait remédier à leurs maux et non les tarir dans leur source.

C'est ainsi qu'on saura maintenir l'admiration pour les grands hommes, sans consacrer de fausses maximes. Ah ! revenons à cette admiration salutaire qui est le principe des grandes actions. Environnons la jeunesse des exemples de pudeur, de courage, de fidélité que nous ont transmis nos pères. Qu'elle craigne de dégénérer à l'aspect de ses ancêtres. Exaltons les ames pour les élever. Ce n'est point en prouvant froidement aux hommes que tout est bien, c'est en les passionnant pour tout ce qui est beau, tout ce qui est grand, tout ce qui est bon, que l'on assurera l'indépendance et le bonheur des nations.

Ce 31 décembre 1799.

De l'Imprimerie d'HACQUART, rue Gît-le-Cœur, nº. 16.

www.ingramcontent.com/pod-product-compliance
Ingram Content Group UK Ltd.
Pitfield, Milton Keynes, MK11 3LW, UK
UKHW022111260726
13993UKWH00001B/448